DR. OETKER

MODE TORTEN

GEROLLT & GEWICKELT

HIMBEER-WICKELTORTE, ERDBEER-WRAPS,
FROSCHKÖNIG-ROLLE, AMARETTINI-ROLLE...

DR. OETKER

MODE TORTEN

GEROLLT & GEWICKELT

**HIMBEER-WICKELTORTE, ERDBEER-WRAPS,
FROSCHKÖNIG-ROLLE, AMARETTINI-ROLLE...**

Dr. Oetker Verlag

Vorwort

Keine Angst mehr vor der Biskuitrolle!

Denn mit dem neuen Buch von Dr. Oetker gelingt sie bestimmt.

Aber man kann nicht nur Biskuit rollen und wickeln –

in diesem Buch kommen auch Strudel, Hefeteig und Quark-Öl-Teig nicht zu kurz.

Da wird das Rollen und Wickeln von leckeren Torten, Kuchen, Rollen und Röllchen

zur Lieblingsbeschäftigung, die Ihre Familie und Gäste begeistern wird.

Versuchen Sie fruchtige Köstlichkeiten wie die Milky-Way-Kirschrolle, den Beerenstrudel

oder die Rote-Grütze-Kuppeltorte oder zaubern Sie Überraschungen für die Kleinen

wie die Froschkönig-Rolle, den Rouladi oder den Toffifee-Zopf.

Und wie gewohnt sind alle Rezept von Dr. Oetker nachgearbeitet

und so beschrieben, dass sie sicher gelingen.

Abkürzungen

EL	= Esslöffel
TL	= Teelöffel
Msp.	= Messerspitze
Pck.	= Packung/Päckchen
g	= Gramm
kg	= Kilogramm
ml	= Milliliter
l	= Liter
evtl.	= eventuell
geh.	= gehäuft
gestr.	= gestrichen
TK	= Tiefkühlprodukt
°C	= Grad Celsius
Ø	= Durchmesser
E	= Eiweiß
F	= Fett
Kh	= Kohlenhydrate
kcal	= Kilokalorien
kJ	= Kilojoule

Hinweise zu den Rezepten

Lesen Sie bitte vor der Zubereitung – besser noch vor dem Einkaufen – das Rezept einmal vollständig durch. Oft werden Arbeitsabläufe oder -zusammenhänge dann klarer.

Die in den Rezepten angegebenen Backtemperaturen und -zeiten sind Richtwerte, die je nach individueller Hitzeleistung des Backofens über- oder unterschritten werden können. Bitte beachten Sie deshalb bei der Einstellung des Backofens die Gebrauchsanweisung des Herstellers und machen Sie nach Beendigung der angegebenen Backzeit eine Garprobe.

Zubereitungszeiten

Die Zubereitungszeit beinhaltet nur die Zeit für die eigentliche Zubereitung, die Backzeiten sind gesondert ausgewiesen. Längere Wartezeiten wie z.B. Kühlzeiten sind ebenfalls nicht mit einbezogen.

Karamell-Beerentorte

*Zubereitungszeit: 80 Min.,
ohne Kühlzeit*
Backzeit: etwa 10 Min.

Insgesamt:
*E: 142 g, F: 488 g, Kh: 590 g,
kJ: 30719, kcal: 7347*

Für den Bröselboden:
- **175 g Karamellgebäck oder Butterspritzgebäck**
- **75 g Butter**
- **3 EL Johannisbeergelee**

Für den Biskuitteig:
- **5 Eier (Größe M)**
- **100 g Rohrzucker**
- **2 Pck. Bourbon-Vanille-Zucker**
- **75 g Weizenmehl**
- **2 gestr. TL Backpulver**
- **75 g Buchweizenmehl**

Für die Füllung:
- **100 g Zucker**
- **125 ml (1/8 l) Schlagsahne**
- **8 Blatt weiße Gelatine**
- **300 g Crème fraîche**
- **250 g Magerquark**
- **400 ml Schlagsahne**
- **300 g gemischte vorbereitete Beerenfrüchte, frisch oder TK**

Zum Bestreichen:
- **250 ml (1/4 l) Schlagsahne**
- **1 Pck. Sahnesteif**
- **1 Pck. Vanillin-Zucker**

Zum Verzieren und Garnieren:
- **30 g Halbbitter-Kuvertüre**
- **einige Beerenfrüchte**
- **50 g Haselnusskrokant**

1 Für den Bröselboden Kekse in einen Gefrierbeutel geben, ihn verschließen und die Kekse mit einer Teigrolle fein zerdrücken. Butter zerlassen, mit den Bröseln vermengen. Die Masse in einer Springform (Ø 26 cm, Boden gefettet, mit Backpapier belegt) gut andrücken, kalt stellen und anschließend mit glatt gerührtem Gelee bestreichen.

2 Für den Teig Eier mit Handrührgerät mit Rührbesen auf höchster Stufe in 1 Minute schaumig schlagen. Zucker und Vanille-Zucker mischen, in 1 Minute einstreuen, dann noch etwa 2 Minuten weiterschlagen. Mehl mit Backpulver mischen, auf die Eiercreme sieben und kurz auf niedrigster Stufe unterrühren. Buchweizenmehl kurz unterarbeiten. Den Teig auf einem Backblech (30 x 40 cm, gefettet, mit Backpapier belegt) glatt streichen. Das Backblech in den Backofen schieben.

Ober-/Unterhitze:
etwa 200 °C (vorgeheizt)
Heißluft: etwa 180 °C (vorgeheizt)
Gas: Stufe 3–4 (vorgeheizt)
Backzeit: etwa 10 Min.

3 Gebäckrand sofort mit einem Messer lösen, Platte auf die Arbeitsfläche stürzen, erkalten lassen. Anschließend Backpapier abziehen und Gebäck von der Arbeitsfläche abziehen, so dass die dunkle Backhaut mitentfernt wird.

4 Für die Füllung Zucker in einem Topf schmelzen, bis er leicht bräunt, Sahne dazugeben und verrühren, bis der Zucker gelöst ist. Masse erkalten lassen und kalt stellen. Gelatine nach Packungsanleitung einweichen. Crème fraîche mit Quark verrühren. Sahne mit Karamellsahne mit Handrührgerät mit Rührbesen steif schlagen. Gelatine ausdrücken und in einem kleinen Topf bei schwacher Hitze unter Rühren auflösen (nicht kochen). 2 Esslöffel von der Quarkmasse damit verrühren, dann unter die restliche Quarkmasse rühren. Sahne und (aufgetaute) Beeren unterheben. Creme auf die Gebäckplatte streichen und etwa 10 Minuten anziehen lassen. Die Platte der Länge nach in 7 Streifen schneiden. Den ersten Streifen aufrollen, in die Mitte des Bröselbodens setzen. Die übrigen Streifen darumwickeln und leicht andrücken. Die Torte 2–3 Stunden kalt stellen.

5 Zum Bestreichen Sahne mit Sahnesteif und Vanillin-Zucker steif schlagen und die Torte vollständig damit bestreichen. Kuvertüre hacken, in einem Topf im Wasserbad bei schwacher Hitze geschmeidig rühren und in einen kleinen Gefrierbeutel geben. Eine kleine Ecke abschneiden und die Kuvertüre als Schnecke auf die Torte spritzen. Torte mit Beeren garnieren, Rand mit Krokant bestreuen und die Torte kalt stellen.

Pfirsich-Mascarpone-Torte

Zubereitungszeit: 90 Min.,
ohne Kühlzeit
Backzeit: etwa 25 Min.

Insgesamt:
E: 108 g, F: 468 g, Kh: 738 g,
kJ: 32110, kcal: 7655

Für den Knetteig:
- **125 g Weizenmehl**
- **1 Msp. Backpulver**
- **50 g Zucker, 1 Pck. Bourbon-Vanille-Zucker**
- **75 g Butter oder Margarine**
- **1 EL Wasser**

Für den Biskuitteig:
- **4 Eier, 1 Eigelb (Größe M)**
- **4 EL heißes Wasser**
- **125 g Zucker**
- **1 Pck. Vanillin-Zucker**
- **125 g Weizenmehl**
- **25 g Speisestärke**

Zum Bestreichen:
- **5 EL Aprikosenkonfitüre**

Für Füllung und Belag:
- **1 Dose Tortenpfirsiche (Abtropfgewicht 460 g)**
- **200 ml Pfirsichsaft aus der Dose**
- **2 EL Zitronensaft**
- **500 ml (½ l) Schlagsahne**
- **1 Pck. Tortencreme Käse-Sahne**
- **500 g Mascarpone (ital. Frischkäse)**

Für den Guss:
- **1 Pck. Tortenguss, klar**
- **knapp 200 ml Pfirsichsaft aus der Dose**
- **etwa 50 ml Wasser**

1 Für den Knetteig Mehl mit Backpulver mischen und in eine Rührschüssel sieben. Zucker, Vanille-Zucker, Butter oder Margarine und Wasser hinzufügen. Die Zutaten mit Handrührgerät mit Knethaken zunächst kurz auf niedrigster, dann auf höchster Stufe gut durcharbeiten. Anschließend auf der bemehlten Arbeitsfläche kurz zu einem glatten Teig verkneten und ihn in Folie gewickelt etwa 20 Minuten kalt stellen. Teig auf dem Boden einer Springform (Ø 26 cm, gefettet) ausrollen und mit einer Gabel mehrmals einstechen. Springformrand darumstellen und die Form auf dem Rost in den Backofen schieben.

Ober-/Unterhitze:
etwa 200 °C (vorgeheizt)
Heißluft: etwa 180 °C (vorgeheizt)
Gas: Stufe 3–4 (vorgeheizt)
Backzeit: etwa 15 Min.

2 Den Boden sofort vom Springformboden lösen, aber darauf auf einem Kuchenrost erkalten lassen.

3 Für den Biskuitteig Eier mit Eigelb und Wasser mit Handrührgerät mit Rührbesen auf höchster Stufe in 1 Minute schaumig schlagen. Zucker und Vanillin-Zucker mischen, in 1 Minute einstreuen, dann noch etwa 2 Minuten weiterschlagen. Mehl mit Speisestärke mischen, auf die Eiercreme sieben und kurz auf niedrigster Stufe unterrühren. Den Teig gleichmäßig auf einem Backblech (gefettet, mit Backpapier belegt) verstreichen. Das Backblech in den Backofen schieben und den Teig **bei der angegebenen Backofeneinstellung etwa 10 Minuten backen**.

4 Die Biskuitplatte sofort vom Rand lösen, auf ein mit Zucker bestreutes Backpapier stürzen und mitgebackenes Backpapier sofort abziehen. Den Biskuit mit 3 Esslöffeln von der Konfitüre bestreichen. Die langen Seiten der Platte noch warm so weit zur Mitte klappen, dass eine Lücke von etwa 2 cm bleibt, dann diese Seiten mit 1 Esslöffel Konfitüre bestreichen und aufeinander klappen. Die Rolle gleichmäßig in 22 gut 1,5 cm breite Scheiben schneiden.

5 Für Füllung und Belag Pfirsichspalten in einem Sieb abtropfen lassen, Saft dabei auffangen. Zunächst 200 ml davon abmessen und mit Zitronensaft verrühren. Sahne steif schlagen. Saft mit der Tortencreme nach Packungsanleitung anrühren. Erst Mascarpone unterrühren, dann Sahne unterheben. Den Knetteigboden auf eine Tortenplatte legen und mit der restlichen Konfitüre bestreichen. Einen Tortenring oder den gesäuberten Springformrand darumstellen

(Fortsetzung Seite 10)

8

DAUERT ETWAS LÄNGER

und die Biskuitscheiben (Öffnung nach unten) innen an den Rand stellen. Mascarponecreme darauf verstreichen. Die Torte 2–3 Stunden kalt stellen.

6 Für den Belag Pfirsichspalten auf die Torte legen. Für den Guss restlichen Pfirsichsaft mit Wasser auf 250 ml (^{1}/4 l) auffüllen. Mit Tortengusspulver

und der Saftmischung nach Packungsanleitung einen Guss zubereiten, mit einem Esslöffel auf den Pfirsichspalten verteilen und fest werden lassen.

Mini-Windy's-Torte

Zubereitungszeit: 60 Min.,
ohne Kühl- und Auftauzeit
Backzeit: etwa 10 Min.

Insgesamt:
E: 80 g, F: 247 g, Kh: 400 g,
kJ: 17500, kcal: 4170

Für den Biskuitteig:
- 3 Eier, 1 Eigelb (Größe M)
- 70 g Zucker
- 1 Pck. Vanillin-Zucker
- 50 g Weizenmehl
- 15 g Speisestärke
- ½ gestr. TL Backpulver

Zum Bestreichen:
- 175 g Erdbeerkonfitüre

Für die Füllung:
- 6 Blatt weiße Gelatine
- 300 g Himbeeren, frisch oder TK
- 200 g Doppelrahm-Frischkäse, 60 g Zucker
- 250 ml (¼ l) Schlagsahne
- 18 TK-Mini-Windy's Classic

Zum Garnieren:
- 6 TK-Mini-Windy's Classic
- einige Himbeeren
- 30 g weiße Kuvertüre

1 Für den Teig Eier und Eigelb mit Handrührgerät mit Rührbesen auf höchster Stufe in 1 Minute schaumig schlagen. Zucker und Vanillin-Zucker mischen, in 1 Minute einstreuen, dann noch etwa 2 Minuten weiterschlagen. Mehl mit Speisestärke und Backpulver mischen, auf die Eiercreme sieben und kurz auf niedrigster Stufe unterrühren.

2 Den Teig auf ein Backblech (30 x 40 cm, gefettet, mit Backpapier belegt) streichen. Das Backpapier an der offenen Seite des Backblechs unmittelbar vor dem Teig zur Falte knicken, so dass ein Rand entsteht. Das Backblech sofort in den Backofen schieben.

Ober-/Unterhitze:
etwa 200 °C (vorgeheizt)
Heißluft: etwa 180 °C (vorgeheizt)
Gas: Stufe 3–4 (vorgeheizt)
Backzeit: etwa 10 Min.

3 Biskuitplatte mit einem Messer vom Rand lösen und auf ein mit Zucker bestreutes Backpapier stürzen. Backpapier abziehen, Konfitüre durch ein Sieb streichen und die Biskuitplatte sofort damit bestreichen.

4 Die Gebäckplatte längs halbieren. Jede Hälfte von der längeren Seite aus fest aufrollen und jede Rolle in etwa 23 Scheiben schneiden. Den Boden einer Springform (Ø 26 cm) mit Backpapier belegen. Biskuitscheiben dicht aneinander an den Rand der Form stellen. Restliche Scheiben dicht als Boden auf dem Springformboden verteilen.

5 Für die Füllung Gelatine nach Packungsanleitung einweichen. Himbeeren verlesen oder auftauen lassen und pürieren, Frischkäse und Zucker unterrühren. Gequollene Gelatine leicht ausdrücken und in einem kleinen Topf bei schwacher Hitze unter Rühren auflösen (nicht kochen). 2–3 Esslöffel von der Himbeercreme unterrühren, dann unter die restliche Himbeercreme rühren.

6 Schlagsahne steif schlagen und unterheben. Creme in die Springform füllen und 18 gefrorene Mini-Windy's in die Creme drücken. Creme darüber glatt streichen. Die Torte 2–3 Stunden kalt stellen. Vor dem Servieren Springformrand lösen und entfernen und die Torte mit 12 halben Mini-Windy's und Himbeeren garnieren. Nach Belieben Kuvertüre zu Locken schaben und auf die Torte streuen.

Buttercreme-Wickeltorte

*Zubereitungszeit: 90 Min.,
ohne Kühlzeit*
Backzeit: etwa 25 Min.

Insgesamt:
*E: 87 g, F: 385 g, Kh: 581 g,
kJ: 26044, kcal: 6217*

Für den Knetteig:
- **125 g Weizenmehl**
- **1 Msp. Backpulver**
- **50 g Zucker**
- **1 Pck. Vanillin-Zucker**
- **75 g Butter, 1 EL Wasser**

Für den Biskuitteig:
- **4 Eier, 1 Eigelb (Größe M)**
- **50 g Zucker**
- **1 Pck. Vanillin-Zucker**
- **80 g Weizenmehl**

- **150 g Aprikosenkonfitüre**

Für die Buttercreme:
- **1 Pck. Pudding-Pulver Vanille-Geschmack**
- **75–100 g Zucker**
- **500 ml (½ l) Milch**
- **250 g weiche Butter**
- **30 g Kokosfett**
- **3 EL Orangenlikör**

Zum Garnieren:
- **50 g abgezogene, gehobelte Mandeln**
- **500 g frische, vorbereitete Früchte (z. B. Kiwi, Karambole, Orange, Apfel, Birne)**

1 Für den Knetteig Mehl in eine Rührschüssel sieben. Restliche Zutaten hinzugeben und mit Handrührgerät mit Knethaken gut durcharbeiten. Auf der bemehlten Arbeitsfläche zu einem glatten Teig verkneten und in Folie gewickelt etwa 30 Minuten kalt stellen. Teig auf dem Boden einer Springform (Ø 26 cm, gefettet) ausrollen und mit einer Gabel mehrmals einstechen. Den Springformrand darumstellen und die Form auf dem Rost in den Backofen stellen.

Ober-/Unterhitze:
etwa 200 °C (vorgeheizt)
Heißluft: etwa 180 °C (vorgeheizt)
Gas: Stufe 3–4 (vorgeheizt)
Backzeit: etwa 15 Min.

2 Den Boden sofort vom Springformboden lösen, aber darauf auf einem Kuchenrost erkalten lassen.

3 Für den Biskuitteig Eier und Eigelb mit Handrührgerät mit Rührbesen schaumig schlagen. Zucker und Vanillin-Zucker mischen, in 1 Minute einstreuen, noch etwa 2 Minuten weiterschlagen. Mehl auf die Eiercreme sieben, kurz auf niedrigster Stufe unterrühren. Teig auf ein Backblech (30 x 40 cm, gefettet, mit Backpapier belegt) streichen, das Backblech in den Backofen schieben. Den Teig **bei der oben angegebenen Backofeneinstellung etwa 10 Minuten backen.**

4 Die Biskuitplatte sofort vom Backblechrand lösen, auf ein mit Zucker bestreutes Backpapier stürzen und erkalten lassen. Knetteigboden auf eine Tortenplatte legen und mit 1 Esslöffel Aprikosenkonfitüre bestreichen. Backpapier abziehen und die Biskuitplatte mit der übrigen Konfitüre bestreichen.

5 Für die Buttercreme aus Pudding-Pulver, Zucker und Milch nach Packungsanleitung einen Pudding zubereiten und bei Zimmertemperatur erkalten lassen, dabei gelegentlich durchrühren. Butter mit Handrührgerät mit Rührbesen geschmeidig rühren und den Pudding esslöffelweise unterrühren, dabei darauf achten, dass Butter und Pudding Zimmertemperatur haben, da die Creme sonst gerinnt. Kokosfett schmelzen und ebenfalls nach und nach unterrühren. Zuletzt Orangenlikör nach und nach unterrühren.

6 Biskuitplatte mit zwei Drittel der Creme bestreichen und von der kurzen Seite aus in 10 etwa 3 cm breite Streifen schneiden. Einen Streifen zur Schnecke aufrollen und in die Mitte des Knetteigbodens stellen. Die übrigen Streifen dicht darumwickeln. Die Torte vollständig mit der übrigen Buttercreme bestreichen und 1–2 Stunden kalt stellen.

7 Zum Garnieren Mandeln in einer Pfanne ohne Fett leicht bräunen und auf einem Teller erkalten lassen. Den Rand der Torte damit bestreuen. Die Oberfläche der Torte mit Früchten belegen.

Tiramisu-Torte mit Erdbeeren

Zubereitungszeit: 60 Min.,
ohne Kühlzeit
Backzeit: etwa 12 Min.

Insgesamt:
E: 94 g, F: 390 g, Kh: 377 g,
kJ: 23029, kcal: 5496

Für den Biskuitteig:
- **4 Eier (Größe M)**
- **4 EL heißes Wasser**
- **120 g Zucker**
- **1 Pck. Vanillin-Zucker**
- **2 gestr. TL lösliches Kaffeepulver**
- **100 g Weizenmehl**
- **25 g Speisestärke**
- **1 gestr. TL Backpulver**

Zum Bestreuen:
- **Zucker**

Für die Füllung:
- **6 Blatt weiße Gelatine**
- **4 Eigelb (Größe M)**
- **80 g Zucker**
- **500 g Mascarpone (ital. Frischkäse)**
- **150 g Erdbeeren**

Zum Beträufeln:
- **2 EL Amaretto**

Zum Bestreichen und Verzieren:
- **400 ml Schlagsahne**
- **2 Pck. Sahnesteif**

Zum Bestäuben:
- **1–2 EL Kakaopulver**

1 Für den Teig Eier und Wasser mit Handrührgerät mit Rührbesen auf höchster Stufe in 1 Minute schaumig schlagen. Zucker und Vanillin-Zucker mischen, in 1 Minute einstreuen, dann noch etwa 2 Minuten weiterschlagen. Kaffeepulver kurz unterrühren.

2 Mehl mit Speisestärke und Backpulver mischen, auf die Eiercreme sieben und kurz auf niedrigster Stufe unterrühren. Den Teig auf ein Backblech (30 x 40 cm, gefettet, mit Backpapier belegt) streichen. An der offenen Seite des Backbleches das Backpapier unmittelbar vor dem Teig zur Falte knicken, so dass ein Rand entsteht. Das Backblech in den Backofen schieben.

Ober-/Unterhitze:
etwa 200 °C (vorgeheizt)
Heißluft: etwa 180 °C (vorgeheizt)
Gas: Stufe 3–4 (vorgeheizt)
Backzeit: etwa 12 Min.

3 Die Biskuitplatte nach dem Backen sofort vom Rand lösen, auf ein mit Zucker bestreutes Backpapier stürzen und mit dem Backpapier erkalten lassen.

4 Für die Füllung Gelatine nach Packungsanleitung einweichen. Eigelb und Zucker in einer Schüssel im heißen Wasserbad mit Handrührgerät mit Rührbesen auf höchster Stufe etwa 5 Minuten schaumig schlagen. Schüssel vom Wasserbad nehmen und Mascarpone esslöffelweise unterrühren. Gelatine leicht ausdrücken und in einem kleinen Topf bei schwacher Hitze unter Rühren auflösen (nicht kochen). Gelatine mit etwas von der Mascarponecreme verrühren, dann unter die restliche Creme rühren und kalt stellen.

5 Erdbeeren waschen, abtropfen lassen, putzen und in kleine Würfel schneiden. Sobald die Mascarponecreme beginnt dicklich zu werden, die Erdbeerwürfel unterheben. Mitgebackenes Backpapier von der Biskuitplatte abziehen, Biskuit mit Amaretto beträufeln, Mascarponecreme darauf streichen und die Creme noch etwas anziehen lassen. Anschließend die bestrichene Biskuitplatte der Länge nach in 6 Streifen (etwa 5 cm breit) schneiden. Einen Streifen aufrollen und auf eine Tortenplatte stellen. Die restlichen Streifen darumlegen, dabei leicht andrücken. Die Torte etwa 3 Stunden kalt stellen.

6 Zum Bestreichen und Verzieren Sahne mit Sahnesteif steif schlagen. Ein Drittel der Sahne in einen Spritzbeutel mit Lochtülle füllen. Tortenrand und -oberfläche mit der restlichen Sahne bestreichen. Tortenoberfläche mit der Sahne aus dem Spritzbeutel verzieren. Die Torte kalt stellen und kurz vor dem Servieren mit Kakao bestäuben.

Blutorangen-Charlotte

Zubereitungszeit: 80 Min.,
ohne Kühlzeit
Backzeit: etwa 24 Min.

Insgesamt:
E: 93 g, F: 271 g, Kh: 688 g,
kJ: 23431, kcal: 5584

Für den Biskuitteig:
- 4 Eier (Größe M)
- 4 EL heißes Wasser
- 125 g Zucker
- 1 Pck. Vanillin-Zucker
- 100 g Weizenmehl
- 25 g Speisestärke
- 1 gestr. TL Backpulver

Zum Bestreichen:
- 250 g Himbeerkonfitüre

Für den Knetteig:
- 125 g Weizenmehl
- 40 g Zucker
- 75 g Butter oder Margarine

Für die Füllung:
- 6 Blatt weiße Gelatine
- 3 Eigelb (Größe M)
- 75 g Zucker
- 150 ml frisch gepresster Blutorangensaft
- 375 ml (³/₈ l) Schlagsahne
- Orangenfilets von 4 Blutorangen

Zum Verzieren:
- 125 ml (¹/₈ l) Schlagsahne

1 Für den Biskuitteig Eier und Wasser mit Handrührgerät mit Rührbesen auf höchster Stufe in 1 Minute schaumig schlagen. Zucker und Vanillin-Zucker mischen, in 1 Minute einstreuen, dann noch etwa 2 Minuten weiterschlagen. Mehl mit Speisestärke und Backpulver mischen, auf die Eiercreme sieben und kurz auf niedrigster Stufe unterrühren.

2 Den Teig auf ein Backblech (30 x 40 cm, gefettet, mit Backpapier belegt) streichen. An der offenen Seite des Backbleches das Backpapier unmittelbar vor dem Teig zur Falte knicken, so dass ein Rand entsteht. Das Backblech in den Backofen schieben.

Ober-/Unterhitze:
etwa 200 °C (vorgeheizt)
Heißluft: etwa 180 °C (vorgeheizt)
Gas: Stufe 3–4 (vorgeheizt)
Backzeit: etwa 12 Min.

3 Biskuitplatte sofort vom Rand lösen, auf ein mit Zucker bestreutes Backpapier stürzen und mitgebackenes Backpapier abziehen. Biskuitplatte sofort mit Himbeerkonfitüre bestreichen und von der längeren Seite aus aufrollen. Die Rolle erkalten lassen.

4 Für den Knetteig in der Zwischenzeit Mehl in eine Rührschüssel sieben. Restliche Zutaten hinzufügen und mit Handrührgerät mit Knethaken kurz auf niedrigster, dann auf höchster Stufe gut durcharbeiten. Anschließend auf der bemehlten Arbeitsfläche kurz zu einem glatten Teig verkneten.

5 Teig auf dem Boden einer Springform (Ø 26 cm, gefettet) ausrollen und den Springformrand darumlegen. Die Form auf dem Rost in den Backofen schieben und den Boden **bei der oben angegebenen Backofeneinstellung etwa 12 Minuten backen.**

6 Gebäckboden sofort vom Springformboden lösen, aber darauf auf einem Kuchenrost erkalten lassen. Die erkaltete Biskuitrolle in etwa 1,5 cm dicke Scheiben schneiden, eine Schüssel (Ø 24–26 cm) zuerst mit Frischhaltefolie, dann mit den Scheiben auslegen.

7 Für die Füllung Gelatine nach Packungsanleitung einweichen. Eigelb mit Zucker in einer Schüssel im heißen Wasserbad mit Handrührgerät mit Rührbesen in etwa 5 Minuten schaumig rühren. Gelatine leicht ausdrücken und unter die heiße Eigelbmasse rühren, bis sie völlig gelöst ist. Masse abkühlen lassen und Orangensaft unterrühren. Sahne steif schlagen. Wenn die Eigelbmasse anfängt dicklich zu werden, Sahne und Orangenfilets unterheben. Die Creme in die Kuppelform füllen, glatt streichen und etwa 3 Stunden kalt stellen.

8 Knetteigboden auf eine Tortenplatte legen, die Charlotte darauf stürzen und Frischhaltefolie abziehen. Sahne steif schlagen, die Charlotte damit verzieren.

Inka-Torte

Zubereitungszeit: 60 Min.
Backzeit: 8–10 Min.

Insgesamt:
E: 96 g, F: 452 g, Kh: 607 g,
kJ: 28811, kcal: 6873

Für den Bröselboden:
- **150 g Spritzgebäck mit Schokoladenstreuseln**
- **75 g Butter**

Für den Biskuitteig:
- **4 Eier (Größe M)**
- **1 Eigelb (Größe M)**
- **75 g Zucker, 1 Pck. Bourbon-Vanille-Zucker**
- **125 g Weizenmehl**
- **1 EL Kakaopulver**
- **½ gestr. TL Backpulver**

Für die Füllung:
- **500 ml (½ l) Schlagsahne**
- **2 Pck. Sahnesteif**
- **100 g Melonenfruchtfleisch (z. B. Cantaloup)**
- **100 ml frisch gepresster Orangensaft, 50 g Zucker**
- **1 Pck. Sahnetortenhilfe**
- **150 g Orangenjoghurt**

Für den Guss, zum Verzieren und Garnieren:
- **3 Becher (je 100 g) Kuchenglasur Vanille-Geschmack**
- **50 g Zartbitterschokolade**
- **8–10 Melonenkugeln**

1 Für den Bröselboden Spritzgebäck in einen Gefrierbeutel geben, ihn verschließen und das Gebäck mit einer Teigrolle fein zerbröseln. Brösel in eine Schüssel geben. Butter zerlassen, zu den Bröseln geben und gut vermengen. Die Bröselmasse in eine Springform (Ø 26 cm, Boden gefettet, mit Backpapier belegt) geben und mit einem Löffel gut andrücken. Die Springform kalt stellen.

2 Für den Teig Eier und Eigelb mit Handrührgerät mit Rührbesen auf höchster Stufe in 1 Minute schaumig schlagen. Zucker und Vanille-Zucker mischen, in 1 Minute einstreuen, dann noch etwa 2 Minuten weiterschlagen.

3 Mehl mit Kakaopulver und Backpulver mischen, die Hälfte davon auf die Eiercreme sieben und kurz auf niedrigster Stufe unterrühren. Den Rest des Mehlgemisches auf die gleiche Weise unterarbeiten. Den Teig auf ein Backblech (30 x 40 cm, gefettet, mit Backpapier belegt) streichen und das Backblech in den Backofen schieben.

Ober-/Unterhitze:
etwa 200 °C (vorgeheizt)
Heißluft: etwa 180 °C (vorgeheizt)
Gas: Stufe 3–4 (vorgeheizt)
Backzeit: 8–10 Min.

4 Den Biskuit vom Rand lösen, auf ein mit Zucker bestreutes Backpapier stürzen, mitgebackenes Backpapier abziehen und Biskuit erkalten lassen.

5 Für die Füllung Sahne mit Sahnesteif steif schlagen. Melonenfruchtfleisch mit Orangensaft pürieren. Zucker und Sahnetortenhilfe in eine Rührschüssel geben, Fruchtsaftpüree hinzugeben und 1 Minute mit dem Schneebesen gut verrühren. Joghurt und etwas von der geschlagenen Sahne unterrühren, dann den Rest der Sahne unterheben. Creme auf die Gebäckplatte streichen und etwa 10 Minuten anziehen lassen.

6 Die Biskuitplatte von der langen Seite aus in 8 Streifen (je knapp 5 cm) schneiden. Springformrand vom Bröselboden entfernen. Den ersten Streifen zu einer Schnecke aufrollen, in die Mitte des Bröselbodens setzen und die übrigen Streifen darumlegen. Evtl. herausgedrückte Creme auf der Oberfläche verstreichen, Springformrand wieder darumstellen und die Torte kalt stellen.

7 Für den Guss die Kuchenglasur nach Packungsanleitung zerlassen. Springformrand entfernen, die Glasur auf der Torte verteilen und fest werden lassen. Zum Verzieren Schokolade in einem kleinen Topf im Wasserbad bei schwacher Hitze geschmeidig rühren, in einen kleinen Gefrierbeutel oder ein Papiertütchen füllen, eine Spitze abschneiden und verschiedene Muster auf die helle Glasur spritzen. Die Torte mit Melonenkugeln garnieren.

Piña-Colada-Charlotte

**Zubereitungszeit: 80 Min.,
ohne Kühlzeit
Backzeit: 38–40 Min.**

**Insgesamt:
E: 106 g, F: 340 g, Kh: 858 g,
kJ: 29123, kcal: 6953**

Für den Boden:
- **3 Eier (Größe M)**
- **125 g Zucker**
- **100 ml Speiseöl**
- **100 ml Kokosmilch (aus der Dose)**
- **200 g Weizenmehl**
- **3 gestr. TL Backpulver**
- **20 g Kokosraspel, grob**

Für die Biskuitrolle:
- **3 Eier, 1 Eigelb (Größe M)**
- **100 g Zucker**
- **1 Pck. Vanillin-Zucker**
- **100 g Weizenmehl**
- **½ gestr. TL Backpulver**

Zum Bestreichen und für den Fruchtbelag:
- **1 Dose Ananasstücke (Abtropfgewicht 340 g)**
- **150 g Ananaskonfitüre**

Für die Füllung:
- **6 Blatt weiße Gelatine**
- **500 g Vanille-Sahnepudding (aus dem Kühlregal)**
- **300 ml Kokosmilch (aus der Dose)**
- **3 EL weißer Rum**

- **50 g Kokosraspel, grob**
- **1 EL Zucker**
- **200 ml Schlagsahne**

Zum Bestreichen:
- **150 g Ananaskonfitüre**
- **1 EL Wasser**

Zum Garnieren:
- **100 ml Schlagsahne**
- **1–2 EL Ananassaft**
- **2 EL Kokosraspel**

1 Für den Boden Eier mit Zucker, Öl und Kokosmilch auf höchster Stufe mit Handrührgerät mit Rührbesen verrühren. Mehl mit Backpulver mischen, sieben und auf mittlerer Stufe kurz unterrühren. Kokosraspel ebenfalls unterrühren. Den Teig in einer Springform (Ø 26 cm, Boden mit Backpapier belegt), glatt streichen und die Form auf dem Rost in den Backofen schieben.

**Ober-/Unterhitze:
etwa 180 °C (vorgeheizt)
Heißluft: etwa 160 °C (vorgeheizt)
Gas: Stufe 2–3 (vorgeheizt)
Backzeit: etwa 30 Min.**

2 Boden auf einen Kuchenrost stürzen und erkalten lassen, anschließend mitgebackenes Backpapier abziehen.

3 Für die Biskuitrolle Eier und Eigelb mit Handrührgerät mit Rührbesen auf höchster Stufe in 1 Minute schaumig schlagen. Zucker und Vanillin-Zucker mischen, in 1 Minute einstreuen, dann noch etwa 2 Minuten weiterschlagen. Mehl mit Backpulver mischen, auf die Eiercreme sieben und kurz auf niedrigster Stufe unterrühren. Den Teig auf ein Backblech (30 x 40 cm, gefettet, mit Backpapier belegt) streichen und das Backblech in den Backofen schieben.

**Ober-/Unterhitze:
etwa 200 °C (vorgeheizt)
Heißluft: etwa 180 °C (vorgeheizt)
Gas: Stufe 3–4 (vorgeheizt)
Backzeit: 8–10 Min.**

4 Die Gebäckplatte vom Rand lösen, auf ein mit Zucker bestreutes Backpapier stürzen und mitgebackenes Backpapier abziehen. Ananas in einem Sieb abtropfen lassen, etwas Saft dabei auffangen. Die Hälfte der Ananasstücke pürieren, mit Konfitüre verrühren und auf die warme Gebäckplatte streichen. Platte von der längeren Seite aus fest aufrollen und erkalten lassen. Anschließend die Rolle in 2 cm dicke Scheiben schneiden.

5 Den Gebäckboden wieder umdrehen, gut 1cm tief aushöhlen und dabei einen etwa 1 cm breiten Rand stehen lassen. Reste aus dem Boden fein zerbröseln und beiseite stellen. Restliche Ananasstücke klein schneiden und in dem Gebäckboden verteilen. Einen Tortenring oder den gesäuberten Springformrand darumstellen und die Biskuitscheiben in den Rand des Bodens stellen.

(Fortsetzung Seite 22)

MIT ALKOHOL · DAUERT ETWAS LÄNGER

6 Für die Füllung Gelatine nach Packungsanleitung einweichen. Pudding mit Kokosmilch, Rum, Kokosraspeln und Zucker verrühren. Gelatine leicht ausdrücken und in einem kleinen Topf bei schwacher Hitze unter Rühren auflösen (nicht kochen). Etwas Puddingmasse mit der Gelatine verrühren, dann unter die restliche Puddingmasse rühren. Sahne steif schlagen und unterheben.

7 Die Creme auf dem Boden in der Form verstreichen und mit den übrigen Biskuitscheiben belegen. Konfitüre durch ein Sieb streichen, mit Wasser aufkochen lassen und die Oberfläche mit Hilfe eines Pinsels damit bestreichen. Die Torte etwa 3 Stunden kalt stellen.

8 Zum Garnieren Sahne steif schlagen und mit Ananassaft und den Bröseln vermengen. 10–12 Kugeln daraus formen, in Kokosraspeln wälzen und die Torte damit belegen.

Rote-Grütze-Kuppeltorte

Zubereitungszeit: 50 Min., ohne Kühlzeit
Backzeit: etwa 20 Min.

Insgesamt:
E: 86 g, F: 326 g, Kh: 532 g, kJ: 22791, kcal: 5428

Für den All-in-Teig:
- **100 g Weizenmehl**
- **2 gestr. TL Backpulver**
- **100 g Zucker**
- **1 Pck. Vanillin-Zucker**
- **3 Eier (Größe M)**
- **100 g Butter oder Margarine**

Für die Kuppel:
- **1 TK-Erdbeer-Sahne-Rolle (400 g)**

Für die Joghurtfüllung:
- **500 ml (¹/₂ l) Schlagsahne**
- **450 g Naturjoghurt**
- **4–5 geh. EL aus 1 Becher (500 g) Rote Grütze (aus dem Kühlregal)**
- **3–4 EL Zucker**
- **1 Pck. Sahnetortenhilfe**

Für die Grützefüllung:
- **restliche Rote Grütze aus dem Becher (etwa 350 g)**
- **50 ml Wasser**
- **1 Pck. Tortenguss, klar**

1 Für den Teig Mehl mit Backpulver mischen und in eine Rührschüssel sieben. Restliche Zutaten hinzufügen und alles mit Handrührgerät mit Rührbesen auf höchster Stufe in etwa 2 Minuten zu einem Teig verarbeiten. Den Teig in eine Springform (Ø 26 cm, Boden gefettet, mit Backpapier belegt) füllen und glatt streichen. Die Form auf dem Rost in den Backofen schieben.

Ober-/Unterhitze:
etwa 180 °C (vorgeheizt)
Heißluft: etwa 160 °C (vorgeheizt)
Gas: Stufe 2–3 (vorgeheizt)
Backzeit: etwa 20 Min.

2 Boden aus der Form lösen und auf einem Kuchenrost erkalten lassen. Eine kuppelförmige Schüssel (etwa 2 l, Ø 24 cm) mit Frischhaltefolie auslegen.

Die Biskuitrolle gefroren in etwa 15 Scheiben schneiden und die Scheiben dicht aneinander in die Schüssel legen.

3 Für die Joghurtfüllung Sahne steif schlagen. Joghurt mit 4–5 gehäuften Esslöffeln Rote Grütze und Zucker verrühren. Sahnetortenhilfe nach Packungsanleitung unterrühren, Sahne unterheben. Creme in die Schüssel füllen, glatt streichen und 1–2 Stunden kalt stellen.

4 Für die Grützefüllung restliche Rote Grütze in einen kleinen Topf geben. Wasser mit Tortengusspulver verrühren, dazugeben und alles unter Rühren aufkochen lassen. Die Masse vorsichtig auf die schon fest gewordene Sahnecreme in der Schüssel geben. Nach einigen Minuten den Gebäckboden darauf legen und leicht andrücken. Die Torte nochmals 2–3 Stunden kalt stellen.

5 Vor dem Servieren mitgebackenes Backpapier vom Boden abziehen, die Torte auf eine Tortenplatte stürzen und die Frischhaltefolie entfernen.

Schwarz-Weiss-Zitronentorte

Zubereitungszeit: 70 Min.,
ohne Kühlzeit
Backzeit: etwa 12 Min.
je Boden

Insgesamt:
E: 112 g, F: 308 g, Kh: 487 g,
kJ: 21746, kcal: 5193

Für den Knetteig (2 Böden):

- **250 g Weizenmehl**
- **1 gestr. TL Backpulver**
- **75 g Zucker**
- **1 Pck. Bourbon-Vanille-Zucker**
- **1 Ei (Größe M)**
- **125 g weiche Butter oder Margarine**
- **2 gestr. TL Kakaopulver**

Für die Füllung:

- **8 Blatt weiße Gelatine**
- **500 g Zitronenjoghurt**
- **250 g Magerquark**
- **150 g Lemon Curd oder Zitronenmarmelade**
- **frische Zitronenmelisse**
- **500 ml (½ l) Schlagsahne**

Zum Verzieren und Garnieren:

- **30 g Zartbitterschokolade**
- **1 TL Speiseöl**
- **Puderzucker**
- **nach Belieben ½ Bio-Zitrone und einige Zitronenzesten (unbehandelt, ungewachst)**

1 Für den Teig Mehl mit Backpulver mischen und in eine Rührschüssel sieben. Restliche Zutaten außer dem Kakaopulver hinzufügen und mit Handrührgerät mit Knethaken zunächst kurz auf niedrigster, dann auf höchster Stufe gut durcharbeiten. Anschließend auf einer bemehlten Arbeitsfläche zu einem glatten Teig verkneten. Die Hälfte des Teiges mit dem gesiebten Kakao verkneten. Hellen und dunklen Teig in 2 helle und 2 dunkle gleich große Portionen aufteilen. Den Boden einer Springform (Ø 26 cm) fetten.

2 Eine helle und dunkle Portion in kleinen Mengen auf der leicht bemehlten Arbeitsfläche zu knapp bleistiftdünnen Strängen rollen. Dunkle und helle Stränge auf dem Springformboden zur Schnecke legen. Zum Schluss mit einer Holzrolle vorsichtig darüber rollen, so dass der Boden gleichmäßig dick ist. Den Springformrand darumstellen und die Springform auf dem Rost in den Backofen schieben. Den zweiten Boden aus den restlichen Teigportionen ebenso ausrollen und backen.

Ober-/Unterhitze:
etwa 180 °C (vorgeheizt)
Heißluft: etwa 160 °C (vorgeheizt)
Gas: Stufe 2–3 (vorgeheizt)
Backzeit: 12 Min. je Boden.

3 Die Böden sofort mit einem langen Messer oder einer Tortenpalette vom Springformboden lösen, aber darauf auf einem Kuchenrost erkalten lassen. Den zweiten Boden noch warm in 12 Stücke schneiden. Anschließend den ganzen Boden auf eine Tortenplatte legen und einen Tortenring oder den gesäuberten Springformrand darumstellen.

4 Für die Füllung Gelatine nach Packungsanleitung einweichen. Joghurt mit Quark und Lemon Curd oder Marmelade mit Handrührgerät mit Rührbesen zu einer glatten Creme verrühren. Gelatine leicht ausdrücken und in einem kleinen Topf bei schwacher Hitze unter Rühren auflösen (nicht kochen). 2–3 Esslöffel von der Joghurtmasse unterrühren, dann unter die restliche Masse rühren. Zitronenmelisse abspülen, fein hacken und unterrühren. Wenn die Creme beginnt dicklich zu werden, Sahne steif schlagen und unterheben. Creme in den Tortenring oder Springformrand füllen, glatt streichen. Den geschnittenen Gebäckboden darauf legen, leicht andrücken. Torte 2–3 Stunden kalt stellen.

5 Vor dem Servieren Tortenring oder Springformrand mit einem Messer lösen und entfernen. Schokolade mit Öl in einem Topf im Wasserbad bei schwacher Hitze geschmeidig rühren und mit Hilfe eines Teelöffels auf den Rand der Torte sprenkeln, so dass die Schokolade etwas herunterläuft. Schokolade fest werden lassen. Den Rand der Torte mit Puderzucker bestäuben. Nach Belieben die halbe Zitrone in Spalten schneiden, Torte damit und mit den Zesten belegen.

Erfrischende Erdbeertorte

Zubereitungszeit: 60 Min.,
ohne Kühlzeit
Backzeit: 8–10 Min.

Insgesamt:
E: 122 g, F: 354 g, Kh: 634 g,
kJ: 26256, kcal: 6266

Für den Biskuitteig:

- **3 Eier (Größe M)**
- **1 Eigelb (Größe M)**
- **125 g Zucker**
- **1 Pck. Vanillin-Zucker**
- **70 g Weizenmehl**
- **1 Pck. Pudding-Pulver Sahne-Geschmack**
- **½ gestr. TL Backpulver**
- **25 g gemahlene Pistazienkerne**

Für den Boden:

- **150 g Löffelbiskuits**
- **20 g gemahlene Pistazienkerne**
- **60 g Butter**

Für die Füllung:

- **10 Blatt weiße Gelatine**
- **500 g Dickmilch**
- **250 g Zitronenjoghurt**
- **75 g Zucker**
- **1 Pck. Finesse Geriebene Zitronenschale**
- **250 ml (¼ l) Schlagsahne**
- **100 g Erfrischungsstäbchen**
- **250 g Erdbeeren**

Zum Bestreichen und Garnieren:

- **350 ml Schlagsahne**
- **2 Pck. Sahnesteif**
- **2 EL gehackte Pistazienkerne**
- **100 g Erdbeeren**
- **50 g Erfrischungsstäbchen**

1 Für den Teig Eier und Eigelb mit Handrührgerät mit Rührbesen auf höchster Stufe in 1 Minute schaumig schlagen. Zucker und Vanillin-Zucker mischen, in 1 Minute einstreuen, dann noch etwa 2 Minuten weiterschlagen.

2 Mehl mit Pudding-Pulver und Backpulver mischen, auf die Eiercreme sieben und kurz auf niedrigster Stufe unterrühren. Zuletzt kurz die Pistazien unterrühren. Teig auf ein Backblech (30 x 40 cm, gefettet, mit Backpapier belegt) geben, glatt streichen und das Backblech in den Backofen schieben.

Ober-/Unterhitze:
etwa 200 °C (vorgeheizt)
Heißluft: etwa 180 °C (vorgeheizt)
Gas: Stufe 3–4 (vorgeheizt)
Backzeit: 8–10 Min.

3 Den Biskuit nach dem Backen vom Rand lösen, auf ein mit Zucker bestreutes Backpapier stürzen, mitgebackenes Backpapier abziehen und den Biskuit erkalten lassen.

4 Für den Boden Löffelbiskuits in einen Gefrierbeutel geben, ihn verschließen, die Löffelbiskuits mit einer Teigrolle fein zerdrücken und mit den Pistazien in eine Schüssel geben. Butter zerlassen und mit den Bröseln gut vermengen. Masse in eine Springform (Ø 26 cm, Boden gefettet, mit Backpapier belegt) füllen, mit einem Löffel gut andrücken und den Boden kalt stellen.

5 Für die Füllung Gelatine nach Packungsanleitung einweichen. Dickmilch mit Joghurt, Zucker und Zitronenschale verrühren. Gelatine leicht ausdrücken und in einem Topf bei schwacher Hitze unter Rühren auflösen (nicht kochen). Etwas von der Dickmilchmasse mit der Gelatine verrühren, dann die Masse mit der restlichen Dickmilchmasse verrühren und kalt stellen.

6 Wenn die Masse beginnt dicklich zu werden, Sahne steif schlagen und unterheben. Erfrischungsstäbchen grob hacken und mit der Flüssigkeit unterheben. Die Creme auf die Gebäckplatte streichen, etwas anziehen lassen und die Platte von der langen Seite aus in 6 Streifen (je gut 6 cm breit) schneiden. Erdbeeren waschen, abtropfen lassen, putzen, vierteln und die Erdbeerviertel leicht in die Creme drücken.

(Fortsetzung Seite 28)

7 Den Springformrand vom Brösel- boden lösen und entfernen. Einen Streifen zur Schnecke aufrollen, in die Mitte des Bröselbodens setzen und die anderen Streifen darumwickeln. Den Springformrand wieder darumstellen und die Torte 2–3 Stunden kalt stellen.

8 Vor dem Servieren Springformrand lösen und entfernen. Sahne mit Sahnesteif steif schlagen und die Torte vollständig damit bestreichen. Die Torte mit Pistazien, Erdbeerhälften und Er- frischungsstäbchen garnieren.

Amarettini-Aprikosen-Strudel

Zubereitungszeit: 40 Min.,
ohne Auftauzeit
Backzeit: etwa 40 Min.

Insgesamt:
E: 47 g, F: 117 g, Kh: 426 g,
kJ: 12430, kcal: 2962

Für den Blätterteig:
- **1 Pck. (450 g) TK-Blätter- teig (4 rechteckige Platten)**

Für die Füllung:
- **500 g Aprikosen oder 1 Dose Aprikosenhälften (Abtropfgewicht 500 g)**
- **100 g Marzipan-Rohmasse**
- **150 g Aprikosenkonfitüre**
- **100 g Amarettini (ital. Mandelplätzchen)**

Zum Bestreichen:
- **1 Eigelb**
- **1–2 EL Milch**

Zum Verzieren und Garnieren:
- **30 g Puderzucker**
- **1 EL Zitronensaft**
- **einige Amarettini**

1 Für den Teig Blätterteigplatten nach Packungsanleitung zugedeckt ne- beneinander auftauen lassen. Anschlie- ßend die Platten aufeinander legen und auf der leicht bemehlten Arbeitsfläche zu einem Rechteck (35 x 45 cm) ausrollen. Rechteck mit einem Tuch zudecken.

2 Für die Füllung Aprikosen waschen, halbieren, entsteinen und in Schei- ben schneiden oder Dosenfrüchte sehr gut abtropfen lassen und in Scheiben schneiden.

3 Marzipan sehr klein schneiden und gut mit der Konfitüre verrühren, evtl. pürieren. Die Marzipanmasse auf die Teigplatte streichen, dabei am Rand rundherum 2–3 cm frei lassen. Apri- kosenscheiben darüber streuen.

4 Amarettini grob zerdrücken und ebenfalls darüber streuen. Die Teig- ränder über die Füllung schlagen und den Teig von der längeren Seite aus auf- rollen.

5 Den Strudel auf ein mit Backpapier belegtes Backblech legen. Eigelb mit Milch verrühren, die Rolle damit bestrei- chen und das Backblech in den Backofen schieben.

Ober-/Unterhitze:
etwa 200 °C (vorgeheizt)
Heißluft: etwa 180 °C
(nicht vorgeheizt)
Gas: Stufe 3–4 (nicht vorgeheizt)
Backzeit: etwa 40 Min.

6 Nach dem Backen den Strudel mit dem Backblech auf einen Kuchen- rost stellen und leicht abkühlen lassen. Puderzucker mit Zitronensaft verrühren, den Strudel damit besprenkeln und mit Amarettini garnieren.

- **Tipp:**
Den Strudel warm mit Vanillesauce, Vanilleeis und Schlagsahne servieren.

Beerenstrudel

*Zubereitungszeit: 70 Min.,
ohne Ruhezeit
Backzeit: etwa 30 Min.*

*Insgesamt:
E: 61 g, F: 151 g, Kh: 264 g,
kJ: 11232, kcal: 2688*

Für den Strudelteig:
- **175 g Weizenmehl**
- **6 Tropfen Zitronen-Aroma**
- **1 Prise Salz**
- **1 Ei (Größe M)**
- **1 EL Speiseöl**
- **50 ml lauwarmes Wasser**

Zum Bestreichen
und Bestreuen:
- **30 g zerlassene Butter**
- **50 g Semmelbrösel**

Für die Füllung:
- **1 Becher (125 g)
  Crème Double**
- **1 Eigelb (Größe M)**
- **1 Pck. Saucenpulver
  Vanille-Geschmack
  zum Kochen**
- **25 g Puderzucker**
- **6 Tropfen Zitronen-Aroma**
- **250 g vorbereitete
  Johannisbeeren**
- **100 g vorbereitete
  Heidelbeeren**
- **75 g abgezogene, gehobelte,
  gebräunte Mandeln**

Zum Bestreuen:
- **1 EL abgezogene,
  gehobelte Mandeln**

Zum Garnieren:
- **150 g vorbereitete
  Johannisbeeren**
- **100 g vorbereitete
  Heidelbeeren**
- **Puderzucker**

1 Für den Teig Mehl in eine Rühr-schüssel sieben. Aroma, Salz, Ei, Speiseöl und Wasser hinzufügen. Die Zutaten mit Handrührgerät mit Knethaken zunächst kurz auf niedrigster, dann auf höchster Stufe gut durcharbeiten. Anschließend auf der Arbeitsfläche kurz zu einem glatten Teig verkneten. Den Teig auf Backpapier in einen heißen, trockenen Kochtopf legen (vorher Wasser darin kochen), mit einem Deckel verschließen und 30 Minuten ruhen lassen.

2 Den Teig auf einem bemehlten, großen Tuch dünn ausrollen und mit den Händen zu einem Rechteck von 45 x 50 cm ausziehen. Evtl. dickere Ränder abschneiden. Den Teig mit der Hälfte der Butter bestreichen und die untere Teighälfte mit den Semmelbröseln bestreuen.

3 Für die Füllung Crème Double mit Eigelb, Saucenpulver, Puderzucker und Aroma verrühren. Die Beeren und gebräunten Mandeln unterheben. Die Masse auf dem mit Semmelbröseln bestreuten Teigstück verteilen, dabei am Rand 1–2 cm frei lassen.

4 Den Teig von der bestreuten Seite aus aufrollen, dabei die Seiten etwas einschlagen. Die Teigrolle auf ein mit Backpapier belegtes Backblech legen, zu einem Ring formen, mit der restlichen Butter bestreichen und mit den Mandeln bestreuen. Das Backblech in den Backofen schieben.

**Ober-/Unterhitze:
200–220 °C (vorgeheizt)
Heißluft: 180–200 °C (vorgeheizt)
Gas: etwa Stufe 4 (vorgeheizt)
Backzeit: etwa 30 Min.**

5 Zum Garnieren die Beeren in die Mitte des Strudels geben, den Strudel mit Puderzucker bestäuben und warm servieren.

■ **Tipp:**
Dazu Schlagsahne servieren.

Sesam-öffne-dich-Rollen

10 Stück
Zubereitungszeit: 60 Min.,
ohne Ruhezeit
Backzeit: 25–30 Min.

Insgesamt:
E: 78 g, F: 210 g, Kh: 371 g,
kJ: 15547, kcal: 3713

Für den Strudelteig:
- **200 g Weizenmehl**
- **1 Prise Salz**
- **100 ml lauwarmes Wasser**
- **50 g zerlassene Butter**
- **1 EL Speiseöl**

Für die Füllung:
- **150 g getrocknete Aprikosen**
- **100 ml Orangensaft**
- **100 g Marzipan-Rohmasse**
- **50 g gehackte Walnusskerne**
- **50 g grob gehackte Pinienkerne**
- **150 g weiche getrocknete Feigen**
- **30 g Sesamsamen**

Zum Bestreichen
und Bestreuen:
- **50 g zerlassene Butter**
- **1 EL Sesamsamen**

1 Für den Teig Mehl in eine Rührschüssel sieben. Restliche Zutaten für den Teig hinzufügen und mit Handrührgerät mit Knethaken erst kurz auf niedrigster, dann auf höchster Stufe zu einem glatten Teig verarbeiten. In einem kleinen Topf Wasser kochen, den Topf ausgießen und abtrocknen. Den Teig auf Backpapier in den heißen Topf legen, Topf mit einem Deckel verschließen und den Teig 30 Minuten ruhen lassen.

2 Für die Füllung Aprikosen in feine Streifen schneiden. Orangensaft erwärmen, Aprikosen dazugeben und gut einweichen. Marzipan fein würfeln, mit den Aprikosen vermengen und Walnuss- und Pinienkerne dazugeben. Feigen halbieren, in dünne Scheiben schneiden und mit dem Sesam zur Aprikosenmasse geben.

3 Den Teig auf einem leicht bemehlten, großen Geschirrtuch zu einem Rechteck (40 x 60 cm) ausrollen. Evtl. dickere Ränder abschneiden und das Rechteck in 10 Rechtecke (etwa 10 x 20 cm) schneiden. Die Rechtecke mit der Hälfte der Butter bestreichen. Die Füllung darauf verteilen, dabei am Rand rundherum 1–2 cm frei lassen.

4 Den Rand über die Füllungen schlagen und die Rechtecke von der längeren Seite aus aufrollen. Die Rollen auf ein mit Backpapier belegtes Backblech legen, mit der restlichen Butter bestreichen und mit Sesam bestreuen. Das Backblech in den Backofen schieben.

Ober-/Unterhitze:
180–200 °C (vorgeheizt)
Heißluft: 160–180 °C (vorgeheizt)
Gas: etwa Stufe 3 (vorgeheizt)
Backzeit: 25–30 Min.

5 Die Rollen mit dem Backpapier vom Backblech auf einen Kuchenrost ziehen und darauf erkalten lassen.

Ricotta-Frucht-Strudel

Zubereitungszeit: 90 Min.
Backzeit: 35–40 Min.

Insgesamt:
E: 69 g, F: 159 g, Kh: 366 g,
kJ: 13415, kcal: 3203

Zum Vorbereiten:
- **50 g Rosinen**
- **200 g gemischte, gewürfelte kandierte Früchte**
- **100 ml Orangensaft**

Für den Strudel:
- **50 g abgezogene, gehobelte Mandeln**
- **100 g Butter**
- **250 g Ricotta-Käse**
- **150 g Naturjoghurt**
- **1 gestr. TL gemahlener Zimt**
- **½ TL Finesse Orangenfrucht**
- **1 Pck. Yufkateig-Blätter (5–6 Strudelteigblätter; aus türkischen Lebensmittelläden)**
- **40 g Semmelbrösel**

1 Zum Vorbereiten Rosinen mit kandierten Früchten und Orangensaft mischen und etwa 10 Minuten durchziehen lassen.

2 Für den Strudel Mandeln in einer Pfanne ohne Fett leicht bräunen und auf einem Teller abkühlen lassen. Butter zerlassen. Ricotta mit Joghurt, Zimt und Orangenfrucht verrühren.

3 Teigblätter als Stapel auf ein mit Backpapier belegtes Backblech legen. Das obere Blatt dünn mit Butter bestreichen und mit Semmelbröseln bestreuen. Dabei am Rand 2 cm frei lassen. Ricotta mit gebräunten Mandeln und eingeweichten Früchten mischen und auf die Semmelbrösel streichen, dabei ebenfalls am Rand 2 cm frei lassen.

4 Das obere Blatt mit der Ricottamasse von der langen Seite aus einrollen. Darunter liegendes Teigblatt dünn mit Butter bestreichen und die gefüllte Rolle darin einrollen. Wieder das darunter liegende Teigblatt mit Butter bestreichen und die Rolle wieder darin einrollen. Restliche Teigblätter auf die gleiche Weise mit Butter bestreichen und einrollen. Die Rolle mit der restlichen Butter bestreichen und das Backblech in den Backofen schieben.

Ober-/Unterhitze:
etwa 200 °C (vorgeheizt)
Heißluft: etwa 180 °C
(nicht vorgeheizt)
Gas: Stufe 3–4 (nicht vorgeheizt)
Backzeit: 35–40 Min.

5 Das Backblech auf einen Kuchenrost stellen, den Strudel etwas abkühlen lassen und lauwarm servieren.

■ **Tipp:**
Dazu Vanille- oder Schokosauce servieren.

Feiner Pecannuss-Strudel

Zubereitungszeit: 50 Min.,
ohne Ruhezeit
Backzeit: etwa 45 Min.

Insgesamt:
E: 88 g, F: 320 g, Kh: 461 g,
kJ: 21895, kcal: 5227

Für den Strudelteig:
- **250 g Weizenmehl**
- **1 Prise Salz**
- **100 ml lauwarmes Wasser**
- **1 Ei (Größe M)**
- **1 EL Speiseöl**

Für die Füllung:
- **400 g gemahlene Pecannusskerne**
- **250 g flüssiger Honig**
- **1 Ei (Größe M)**
- **1 Eiweiß (Größe M)**
- **6–8 EL weißer Rum**
- **1 geh. TL gemahlener Zimt**
- **100 g fein gewürfelte kandierte Ananasstücke**

Zum Bestreichen:
- **1 Eigelb**
- **1 EL Milch**

Zum Bestäuben:
- **Puderzucker**

1 Für den Teig Mehl in eine Rührschüssel sieben, Salz, Wasser, Ei und Öl hinzufügen. Die Zutaten mit Handrührgerät mit Knethaken zunächst kurz auf niedrigster, dann auf höchster Stufe gut durcharbeiten. Anschließend auf der Arbeitsfläche zu einem glatten Teig verkneten, ihn auf Backpapier in einen heißen, trockenen Kochtopf (vorher Wasser darin kochen) legen, mit einem Deckel verschließen und etwa 30 Minuten ruhen lassen.

2 Für die Füllung Pecannusskerne mit Honig, Ei, Eiweiß, Rum, Zimt und Ananas mit Handrührgerät mit Rührbesen zu einer geschmeidigen Masse verrühren. Den Strudelteig auf einem bemehlten großen Küchentuch dünn ausrollen, ihn dann mit den Händen zu einem Rechteck von etwa 50 x 70 cm ausziehen (er muss durchsichtig sein). Die Ränder, wenn sie dicker sind, abschneiden.

3 Zwei Drittel des Strudelteiges mit der Füllung bestreichen (an den kürzeren Seiten etwa 3 cm Teig frei lassen). Die frei gebliebenen Teigränder auf die Füllung schlagen. Den Teig mit Hilfe des Tuches, mit der Füllung beginnend, aufrollen und an den Enden gut zusammendrücken. Den Strudel auf ein mit Backpapier belegtes Backblech legen.

4 Zum Bestreichen Eigelb mit Milch verschlagen und den Strudel damit bestreichen. Das Backblech in den Backofen schieben.

Ober-/Unterhitze:
180–200 °C (vorgeheizt)
Heißluft: 160–180 °C
(nicht vorgeheizt)
Gas: etwa Stufe 3 (nicht vorgeheizt)
Backzeit: etwa 45 Min.

5 Nach dem Backen den heißen Strudel mit Puderzucker bestäuben und auf einem Kuchenrost erkalten lassen.

- **Tipp:**
Anstelle von Pecannusskernen können Sie auch Walnusskerne verwenden.

Topfen-Marillen-Strudel mit Schokosauce

Zubereitungszeit: 80 Min.,
ohne Ruhezeit
Backzeit: etwa 50 Min.

Insgesamt:
E: 151 g, F: 182 g, Kh: 404 g,
kJ: 16244, kcal: 3875

Für den Strudelteig:
- **200 g Weizenmehl**
- **1 Prise Salz**
- **50 ml lauwarmes Wasser**
- **1 Ei (Göße M)**
- **2 EL Speiseöl**
- **1 EL Zitronensaft**

Für die Füllung:
- **1 Dose Aprikosenhälften (Marillen, Abtropfgewicht 240 g)**
- **500 g Magerquark (Topfen)**
- **2 Eier (Größe M)**
- **100 g Zucker**
- **1 Pck. Pudding-Pulver Vanille-Geschmack**
- **50 g abgezogene, gemahlene Mandeln**

Zum Bestreichen und Bestreuen:
- **75 g zerlassene Butter**
- **50 g abgezogene, gemahlene Mandeln**

Für die Schokoladensauce:
- **1 Pck. Saucenpulver Schokolade zum Kochen**
- **2 EL Zucker**
- **500 ml (½ l) Milch**

1 Für den Teig Mehl in eine Rührschüssel sieben, Salz, Wasser, Ei, Öl und Zitronensaft hinzufügen und die Zutaten mit Handrührgerät mit Knethaken zunächst kurz auf niedrigster, dann auf höchster Stufe gut durcharbeiten.

2 Anschließend auf der Arbeitsfläche zu einem glatten Teig verkneten, ihn auf Backpapier in einen heißen, trockenen Kochtopf (vorher Wasser darin kochen) legen, mit einem Deckel verschließen und etwa 30 Minuten ruhen lassen, damit er sich entspannt.

3 Für die Füllung Aprikosen in einem Sieb gut abtropfen lassen und anschließend fein würfeln. Quark mit den restlichen Zutaten verrühren und zuletzt die Aprikosenwürfel unterheben.

4 Strudelteig in 3 gleich große Teile schneiden. Jedes Teil auf einem leicht bemehlten Handtuch ausrollen, mit etwas Butter bestreichen, vorsichtig mit den Händen zu einem Rechteck von jeweils 30 x 40 cm ausziehen und mit Mandeln bestreuen.

5 Jeweils ein Drittel der Quarkfüllung aufstreichen, dabei am Rand 1 cm frei lassen. Teigränder zur Mitte hin einschlagen, die Strudel von der kurzen Seite aus aufrollen und nebeneinander in eine rechteckige Auflaufform legen. Strudel mit etwas Butter bestreichen und die Form auf dem Rost in den Backofen schieben.

Ober-/Unterhitze:
etwa 180 °C (vorgeheizt)
Heißluft: etwa 160 °C
(nicht vorgeheizt)
Gas: Stufe 2–3 (nicht vorgeheizt)
Backzeit: etwa 50 Min.

6 Den Strudel während der Backzeit mehrmals mit Butter bestreichen.

7 Für die Schokoladensauce das Saucenpulver mit Zucker und Milch nach Packungsanleitung zubereiten und zum lauwarmen Strudel servieren. Nach Wunsch die Strudel mit Puderzucker bestäuben.

Strudel mit Birnen und Preiselbeeren

Zubereitungszeit: 65 Min.,
ohne Ruhezeit
Backzeit: etwa 45 Min.

Insgesamt:
E: 34 g, F: 105 g, Kh: 290 g,
kJ: 9319, kcal: 2224

Für den Strudelteig:
- 125 g Weizenmehl
- 1 Prise Salz
- 2 EL ml lauwarmes Wasser
- 1 Ei (Größe M)
- knapp 2 EL Speiseöl

Für die Füllung:
- 600 g Birnen
- 2 EL Zitronensaft
- 1 Glas Wild-Preisel-beer-Dessert (Abtropfgewicht 175 g)
- 50 g gehackte Walnusskerne
- 1 EL abgezogene, gestiftelte Mandeln
- 50 g Zucker
- 1 gestr. EL gemahlener Zimt

Zum Bestreichen:
- 50 g zerlassene Butter oder 4 EL Speiseöl

Zum Bestäuben:
- Puderzucker

1 Für den Teig Mehl in eine Rührschüssel sieben, Salz, Wasser, Ei und Öl hinzufügen. Die Zutaten mit Handrührgerät mit Knethaken zunächst kurz auf niedrigster, dann auf höchster Stufe gut durcharbeiten. Anschließend auf einer Arbeitsfläche zu einem glatten Teig verkneten, ihn auf Backpapier in einen heißen, trockenen Kochtopf (vorher Wasser darin kochen) legen, mit einem Deckel verschließen und etwa 30 Minuten ruhen lassen.

2 Für die Füllung Birnen schälen, vierteln, entkernen, in feine Scheiben schneiden und mit Zitronensaft beträufeln. Preiselbeeren in einem Sieb gut abtropfen lassen. Birnenscheiben mit Preiselbeeren, Walnusskernen, Mandeln, Zucker und Zimt mischen.

3 Den Strudelteig auf einem bemehlten großen Geschirrtuch dünn ausrollen und ihn dann mit den Händen zu einem Rechteck von etwa 50 x 70 cm ausziehen (er muss durchsichtig sein). Die Ränder, wenn sie dicker sind, abschneiden. Den Teig mit etwas von der Butter oder dem Öl bestreichen.

4 Auf zwei Drittel des Teiges die Füllung verteilen (an den kürzeren Seiten etwa 3 cm Teig frei lassen). Den Teig mit Hilfe des Tuches, mit der Füllung beginnend, aufrollen und an den Enden gut zusammendrücken. Den Teigstrudel auf ein Backblech (mit Backpapier belegt) legen und mit etwas von der Butter oder dem Öl bestreichen. Das Backblech in den Backofen schieben.

Ober-/Unterhitze:
etwa 180 °C (vorgeheizt)
Heißluft: etwa 160 °C
(nicht vorgeheizt)
Gas: Stufe 2–3 (nicht vorgeheizt)
Backzeit: etwa 45 Min.

5 Während des Backens den Strudel mit der restlichen Butter oder dem restlichen Öl bestreichen. Den Strudel mit dem Backpapier vom Backblech auf einen Kuchenrost ziehen und erkalten lassen. Vor dem Servieren den Strudel mit Puderzucker bestäuben.

Tipp:

Anstelle des großen Strudels können Sie wie auf dem Foto 2–3 kleine Strudel backen, dann reduziert sich die Backzeit auf 30 Minuten.

Maxi-Schnecke

Zubereitungszeit: 50 Min.
Backzeit: etwa 40 Min.

Insgesamt:
E: 103 g, F: 258 g, Kh: 583 g,
kJ: 21170, kcal: 5056

Für die Füllung:
- **300 g Äpfel**
- **1–2 EL Zitronensaft**
- **3–4 EL gehackte Haselnusskerne**
- **125 ml (1/8 l) Schlagsahne**
- **150 g Sahne Muh-Muhs (Milch-Toffee)**
- **200 g Marzipan-Rohmasse**

Für den Quark-Öl-Teig:
- **300 g Weizenmehl**
- **1 Pck. Backpulver**
- **75 g Zucker**
- **1 Pck. Vanillin-Zucker**
- **150 g Magerquark**
- **3 EL Milch**
- **1 Ei (Größe M)**
- **6 EL Speiseöl**

Zum Bestreichen:
- **1 Eigelb, 2 EL Milch**

Für Glasur und Garnierung:
- **50 g Sahne Muh-Muhs (Milch-Toffee)**
- **3–4 EL Schlagsahne**
- **1 EL gehackte Haselnusskerne**
- **2–3 Stück Sahne Muh-Muhs (Milch-Toffee)**

1 Für die Füllung Äpfel schälen, vierteln, Kerngehäuse entfernen, Äpfel achteln, quer in feine Scheiben schneiden und mit Zitronensaft beträufeln. Nusskerne dazugeben.

2 Sahne erwärmen und die Bonbons unter Rühren darin schmelzen lassen. Die Masse in eine Rührschüssel geben. Marzipan in sehr kleine Stücke schneiden, dazugeben und mit Handrührgerät mit Rührbesen gut verrühren.

3 Für den Teig Mehl mit Backpulver mischen und in eine Rührschüssel sieben. Zucker, Vanillin-Zucker, Quark, Milch, Ei und Öl hinzufügen. Die Zutaten mit Handrührgerät mit Knethaken auf höchster Stufe in etwa 1 Minute zu einem Teig verarbeiten (nicht zu lange, Teig klebt sonst).

4 Den Teig auf der leicht bemehlten Arbeitsfläche zu einem Rechteck (35 x 60 cm) ausrollen. Die Apfelscheiben und Nusskerne auf dem unteren Drittel der Teigplatte verteilen. Die Bonbonmasse darauf verteilen und die Platte von der längeren Seite aus aufrollen.

5 Die Rolle locker zu einer Schnecke zusammendrehen, auf ein mit Backpapier belegtes Backblech legen und einen Springformrand oder Tortenring (Ø 26 cm) nicht zu eng darumstellen. Eigelb mit Milch verrühren und die Schnecke damit bestreichen. Das Backblech in den Backofen schieben.

Ober-/Unterhitze:
etwa 180 °C (vorgeheizt)
Heißluft: etwa 160 °C
(nicht vorgeheizt)
Gas: Stufe 2–3 (nicht vorgeheizt)
Backzeit: etwa 40 Min.

6 Für die Glasur Bonbons in der Sahne unter Rühren erwärmen und schmelzen lassen. Die Schnecke nach dem Backen mit dem Backpapier vom Backblech auf einen Kuchenrost ziehen, noch heiß mit der Glasur bestreichen und mit Haselnusskernen bestreuen. Bonbons in Stücke schneiden und auf die Schnecke legen. Die Schnecke erkalten lassen und frisch servieren.

Toffifee-Zopf

Zubereitungszeit: 40 Min.
Backzeit: etwa 40 Min.

Insgesamt:
E: 106 g, F: 210 g, Kh: 549 g,
kJ: 19006, kcal: 4536

Für die Füllung:
- **1 Pck. Pudding-Pulver Schokoladen-Geschmack**
- **375 ml (³/₈ l) Milch**
- **125 g Nuss-Nougat-Creme**

Für den Hefeteig:
- **375 g Weizenmehl**
- **1 Pck. Hefeteig Garant**
- **70 g Zucker**
- **1 Pck. Vanillin-Zucker**
- **100 ml Milch**
- **50 g weiche Butter**
- **2 Eier (Größe M)**
- **1 Eiweiß (Größe M)**

Zum Bestreuen:
- **100 g gehobelte Haselnusskerne**
- **10 Stück Toffifee**

Zum Bestreichen:
- **1 Eigelb**
- **2 EL Milch**

Zum Bestäuben:
- **Puderzucker**

1 Für die Füllung Pudding-Pulver nach Packungsanleitung, aber mit der hier angegebenen Menge Milch und ohne Zucker bereiten. Nuss-Nougat-Creme in den heißen Pudding rühren und erkalten lassen, dabei gelegentlich umrühren.

2 Für den Teig Mehl in eine Rührschüssel sieben und mit Hefeteig Garant vermischen. Restliche Zutaten dazugeben und mit Handrührgerät mit Knethaken in 2 Minuten zu einem glatten Teig verkneten.

3 Den Teig auf der leicht bemehlten Arbeitsfläche zu einem Rechteck (30 x 40 cm) ausrollen, den erkalteten Pudding darauf verstreichen, dabei am Rand 1 cm frei lassen und mit Nusskernen bestreuen. Toffifee klein hacken und ebenfalls aufstreuen.

4 Die Teigplatte von der längeren Seite aus aufrollen und der Länge nach einmal senkrecht durchschneiden. Beide Hälften mit der Schnittfläche nach oben umeinander flechten, so dass ein Zopf entsteht. Den Zopf auf ein mit Backpapier belegtes Backblech legen und die Enden etwas einschlagen. Eigelb mit Milch verrühren, den Zopf damit bestreichen und etwa 15 Minuten ruhen lassen. Das Backblech in den Backofen schieben.

Ober-/Unterhitze:
180–200 °C (vorgeheizt)
Heißluft: 160–180 °C
(nicht vorgeheizt)
Gas: etwa Stufe 3 (nicht vorgeheizt)
Backzeit: etwa 40 Min.

5 Das Gebäck mit dem Backpapier vom Backblech auf einen Kuchenrost ziehen und erkalten lassen. Vor dem Servieren den erkalteten Zopf mit Puderzucker bestäuben.

Kirsch-Rosen-Tarte

Zubereitungszeit: 60 Min.,
ohne Teiggehzeit
Backzeit: 20-25 Min.

Insgesamt:
E: 87 g, F: 177 g, Kh: 704 g,
kJ: 19983, kcal: 4768

Für den Hefeteig:
- **125 ml (¹/₈ l) Milch**
- **50 g Butter oder Margarine**
- **300 g Weizenmehl**
- **1 Pck. Trockenhefe**
- **1 Prise Salz**
- **50 g Zucker**
- **1 Ei (Größe M)**

Für die Streusel:
- **250 g Weizenmehl**
- **100 g Zucker**
- **1 gestr. TL gemahlener Zimt**
- **1 Eigelb (Größe M)**
- **125 g Butter oder Margarine**

Für die Füllung:
- **80 g Amaretti (ital. Mandelmakronen)**
- **500 g frische Sauerkirschen oder 1 Glas Sauerkirschen (Abtropfgewicht 370 g)**

Zum Bestreichen:
- **4 EL Aprikosenkonfitüre**

1 Für den Teig Milch erwärmen und Butter oder Margarine darin zerlassen. Mehl in eine Rührschüssel sieben und sorgfältig mit Trockenhefe vermischen. Salz, Zucker und Ei hinzufügen. Die Zutaten mit Handrührgerät mit Knethaken zunächst auf niedrigster, dann auf höchster Stufe in etwa 5 Minuten zu einem Teig verarbeiten. Den Teig zugedeckt so lange an einem warmen Ort stehen lassen, bis er sich sichtbar vergrößert hat.

2 Für die Streusel Mehl in eine Rührschüssel sieben und mit Zucker und Zimt mischen. Eigelb und Butter oder Margarine hinzufügen. Die Zutaten mit Handrührgerät mit Rührbesen zu Streuseln von gewünschter Größe verarbeiten.

3 Für die Füllung Amaretti in einen Gefrierbeutel füllen, ihn verschließen und die Amaretti mit einer Teigrolle zerbröseln. Die Kirschen entstielen, waschen und entsteinen oder Kirschen aus dem Glas in einem Sieb gut abtropfen lassen.

4 Den Teig aus der Schüssel nehmen, auf einer bemehlten Arbeitsfläche nochmals kurz durchkneten, zu einem Rechteck (25 x 35 cm) ausrollen und mit Konfitüre bestreichen. Die Amarettibrösel auf der Konfitüre verteilen und die Kirschen darauf legen. Den Teig von der langen Seite aus aufrollen und in 12 dicke Scheiben schneiden.

5 Knapp die Hälfte der Streusel in eine Tarteform (Ø etwa 32 cm, gefettet) geben. Die Teigschnecken nicht zu dicht nebeneinander hineinlegen und mit den restlichen Streuseln bestreuen. Den Teig nochmals so lange an einem warmen Ort gehen lassen, bis er sich sichtbar vergrößert hat. Die Form auf dem Rost in den Backofen schieben.

Ober-/Unterhitze:
180–200 °C (vorgeheizt)
Heißluft: 160–180 °C (vorgeheizt)
Gas: etwa Stufe 3 (vorgeheizt)
Backzeit: 20–25 Min.

6 Die Form auf einen Kuchenrost stellen und die Tarte erkalten lassen.

Ananas-Rosenkuchen

**Zubereitungszeit: 40 Min.,
ohne Teiggehzeit
Backzeit: etwa 45 Min.**

**Insgesamt:
E: 71 g, F: 87 g, Kh: 507 g,
kJ: 13204, kcal: 3149**

Für die Füllung:
- **1 kleine Dose Ananasscheiben (Abtropfgewicht 270 g)**
- **1 Pck. Gala-Pudding-Pulver Bourbon-Vanille**
- **300 ml Milch**
- **50 g Zucker**

Für den Hefeteig:
- **375 g Weizenmehl**
- **1 Pck. Hefeteig Garant**
- **50 g Zucker**
- **6 Tropfen Butter-Vanille-Aroma**
- **1 Ei (Größe M)**
- **150 g Naturjoghurt**
- **50 g zerlassene, abgekühlte Butter**

Zum Verzieren:
- **50 g Zartbitterschokolade**

1 Für die Füllung Ananas in einem Sieb gut abtropfen lassen und klein schneiden. Pudding nach Packungsanleitung, aber nur mit 300 ml Milch und mit 50 g Zucker zubereiten und abkühlen lassen, dabei gelegentlich umrühren.

2 Für den Teig Mehl in eine Rührschüssel sieben und mit Hefeteig Garant vermischen. Restliche Zutaten hinzufügen und mit Handrührgerät mit Knethaken in 2 Minuten zu einem glatten Teig verkneten. Den Teig auf der leicht bemehlten Arbeitsfläche zu einem Rechteck (50 x 30 cm) ausrollen.

3 Den Pudding auf den Teig streichen, dabei an den langen Seiten etwa 1 cm Rand frei lassen und Ananasstücke gleichmäßig auf den Pudding streuen. Den Teig von der langen Seite aus aufrollen und in 12 etwa 4 cm breite Scheiben schneiden.

4 8–9 Scheiben mit der Schnittfläche nach oben am Rand ringförmig auf den Boden einer Springform (Ø 26 cm, nur Boden gefettet) legen, übrige 3–4 Scheiben in die Mitte setzen. Teig 15 Minuten ruhen lassen, dann die Form auf dem Rost in den Backofen schieben.

**Ober-/Unterhitze:
etwa 180 °C (vorgeheizt)
Heißluft: etwa 160 °C
(nicht vorgeheizt)
Gas: Stufe 2–3 (nicht vorgeheizt)
Backzeit: etwa 45 Min.**

5 Nach dem Backen Kuchen aus der Form lösen und auf einem Kuchenrost erkalten lassen.

6 Zum Verzieren Schokolade grob hacken, in einem kleinen Topf im Wasserbad bei schwacher Hitze geschmeidig rühren, in ein kleines Papiertütchen füllen und in dünnen Linien die Spiralkonturen der einzelnen Scheiben nachziehen. Die Schokolade fest werden lassen und den Kuchen servieren.

Ruck-Zuck-Orangenrolle

***Zubereitungszeit: 40 Min.,
ohne Kühlzeit
Backzeit: etwa 10 Min.***

***Insgesamt:
E: 65 g, F: 218 g, Kh: 517 g,
kJ: 18100, kcal: 4319***

Für den Biskuitteig:
- **50 g Butter**
- **4 Eier (Größe M)**
- **1 Eigelb (Größe M)**
- **75 g Zucker**
- **1 Pck. Vanillin-Zucker**
- **125 g Weizenmehl**
- **knapp ½ gestr. TL Backpulver**

Für die Füllung:
- **3–4 Orangen**
- **1 Glas (340 g) Orangenmarmelade**
- **½ Pck. Finesse Orangenfrucht**

Zum Bestreichen:
- **400 ml Schlagsahne**
- **1 Pck. Saucenpulver Vanille-Geschmack ohne Kochen**

Zum Garnieren:
- **50 g Orangenschokolade (z. B. von Sarotti)**

1 Für den Teig Butter zerlassen und abkühlen lassen. Eier und Eigelb mit Handrührgerät mit Rührbesen auf höchster Stufe in 1 Minute schaumig schlagen. Zucker und Vanillin-Zucker mischen, in 1 Minute einstreuen, dann noch etwa 2 Minuten weiterschlagen.

2 Mehl mit Backpulver mischen, auf die Eiercreme sieben und kurz auf niedrigster Stufe unterrühren. Zuletzt die flüssige Butter kurz unterrühren. Den Teig auf ein Backblech (30 x 40 cm, gefettet, mit Backpapier belegt) streichen und das Backblech in den Backofen schieben.

**Ober-/Unterhitze:
etwa 200 °C (vorgeheizt)
Heißluft: etwa 180 °C (vorgeheizt)
Gas: Stufe 3–4 (vorgeheizt)
Backzeit: etwa 10 Min.**

3 Den Gebäckrand mit einem Messer vom Backblech lösen. Gebäckplatte auf ein mit wenig Zucker bestreutes Backpapier stürzen und mitgebackenes Backpapier abziehen.

4 Für die Füllung Orangen so schälen, dass die weiße Haut mitentfernt wird und die Orangen filetieren. Orangenmarmelade mit Orangenfrucht verrühren, auf die Gebäckplatte streichen und mit den abgetropften Filets belegen. Die Rolle mit Hilfe des Backpapiers aufrollen und kalt stellen.

5 Zum Bestreichen Schlagsahne mit Saucenpulver steif schlagen und die Biskuitrolle damit bestreichen. Zum Garnieren Schokolade mit einem Sparschäler schaben und die Rolle damit garnieren. Die Rolle bis zum Servieren kalt stellen.

Schwedenrolle

**Zubereitungszeit: 40 Min.,
ohne Kühlzeit
Backzeit: 8–10 Min.**

**Insgesamt:
E: 88 g, F: 117 g, Kh: 405 g,
kJ: 13033, kcal: 3111**

Für den Biskuitteig:
- **4 Eier (Größe M)**
- **1 Eigelb (Größe M)**
- **125 g Zucker**
- **1 Pck. Vanillin-Zucker**
- **125 g Weizenmehl**
- **½ gestr. TL Backpulver**
- **60 g abgezogene,
  gehobelte Mandeln**

Für die Füllung:
- **8 Blatt weiße Gelatine**
- **1 Glas (360 g)
  Apfelkompott**
- **1 Becher (500 g)
  Vanille-Sahnepudding
  (aus dem Kühlregal)**
- **100 ml Eierlikör**

Zum Bestäuben:
- **Puderzucker**

1 Für den Teig Eier und Eigelb mit Handrührgerät mit Rührbesen auf höchster Stufe in 1 Minute schaumig schlagen. Zucker und Vanillin-Zucker mischen, in 1 Minute einstreuen, dann noch etwa 2 Minuten weiterschlagen.

2 Mehl mit Backpulver mischen, auf die Eiercreme sieben und kurz auf niedrigster Stufe unterrühren. Den Teig auf ein mit Backpapier belegtes Backblech (30 x 40 cm, gefettet, mit Backpapier belegt) geben, glatt streichen und mit den Mandeln bestreuen. Das Backblech in den Backofen schieben.

**Ober-/Unterhitze:
etwa 200 °C (vorgeheizt)
Heißluft: etwa 180 °C (vorgeheizt)
Gas: Stufe 3–4 (vorgeheizt)
Backzeit: 8–10 Min.**

3 Den Biskuit nach dem Backen vom Rand lösen, auf ein mit Zucker bestreutes Backpapier stürzen, mitgebackenes Backpapier abziehen und den Biskuit erkalten lassen.

4 Für die Füllung Gelatine nach Packungsanleitung einweichen. Apfelkompott mit einer Gabel etwas zerdrücken. Gelatine leicht ausdrücken und in einem kleinen Topf bei schwacher Hitze unter Rühren auflösen (nicht kochen). Etwa ein Viertel der Gelatineflüssigkeit in das Apfelkompott rühren, übrige Gelatineflüssigkeit mit dem Vanille-Sahnepudding verrühren und Eierlikör unterrühren. Creme kalt stellen, bis sie anfängt dicklich zu werden.

5 In der Zwischenzeit das Apfelkompott gleichmäßig auf dem Biskuit verstreichen. Anschließend den Pudding auf die Apfelschicht streichen. Die Platte von der längeren Seite aus aufrollen und etwa 2 Stunden kalt stellen.

6 Vor dem Servieren die Rolle mit Puderzucker bestäuben.

Milky-Way®-Kirschrolle

Zubereitungszeit: 50 Min.,
ohne Kühlzeit
Backzeit: 8–10 Min.

Insgesamt:
E: 53 g, F: 194 g, Kh: 417 g,
kJ: 15282, kcal: 3644

Zum Vorbereiten:
- **400 ml Schlagsahne**
- **7 Riegel (je 26 g)**
  Milky Way®

Für den Biskuitteig:
- **3 Eier (Größe M)**
- **1 Eigelb (Größe M)**
- **75 g Zucker**
- **1 Pck. Vanillin-Zucker**
- **75 g Weizenmehl**
- **15 g Speisestärke**
- **½ gestr. TL Backpulver**
- **2 EL Zartbitter-**
  Raspelschokolade

Für die Füllung:
- **1 kleines Glas**
  Sauerkirschen
  (Abtropfgewicht 130 g)
- **125 ml (1/8 l) Kirschsaft**
  aus dem Glas
- **75 ml Wasser**
- **15 g Speisestärke**
- **1 EL Zucker**

Außerdem:
- **2 Pck. Sahnesteif**

Zum Garnieren:
- **1–2 Riegel (je 26 g)**
  Milky Way®
- **einige frische Kirschen**

1 Zum Vorbereiten Sahne erwärmen. Milky-Way®-Riegel grob zerschneiden und unter Rühren in der heißen Sahne auflösen. Die Sahne in eine Rührschüssel geben, erkalten lassen und anschließend kalt stellen (am besten über Nacht).

2 Für den Teig Eier und Eigelb mit Handrührgerät mit Rührbesen auf höchster Stufe in 1 Minute schaumig schlagen. Zucker und Vanillin-Zucker mischen, in 1 Minute einstreuen, dann noch etwa 2 Minuten weiterschlagen.

3 Mehl mit Speisestärke und Backpulver mischen, auf die Eiercreme sieben und kurz auf niedrigster Stufe unterrühren. Den Teig auf ein Backblech (30 x 40 cm, gefettet, mit Backpapier belegt) geben, glatt streichen und mit der Raspelschokolade bestreuen. Das Backblech in den Backofen schieben.

Ober-/Unterhitze:
etwa 200 °C (vorgeheizt)
Heißluft: etwa 180 °C (vorgeheizt)
Gas: Stufe 3–4 (vorgeheizt)
Backzeit: 8–10 Min.

4 Nach dem Backen Gebäckrand mit einem Messer vom Backblech lösen. Gebäck auf ein mit wenig Zucker bestreutes Backpapier stürzen, mitgebackenes Backpapier vorsichtig abziehen und die Platte erkalten lassen.

5 Für die Füllung Kirschen in einem Sieb gut abtropfen lassen, Saft dabei auffangen, 125 ml (1/8 l) davon abmessen und in einem kleinen Topf erhitzen. Wasser mit Speisestärke verrühren, in den heißen Kirschsaft rühren und unter Rühren aufkochen lassen. Topf von der Kochstelle nehmen und Zucker und Kirschen unterrühren. Kirschmasse erkalten lassen.

6 Kalte Milky-Way®-Sahne mit Handrührgerät mit Rührbesen und Sahnesteif cremig aufschlagen. Gut zwei Drittel der Creme auf die Gebäckplatte streichen. Kirschmasse als Streifen der Länge nach auf die Rolle geben. Gebäckplatte von der längeren Seite aus aufrollen und mit der übrigen Creme verzieren.

7 Zum Garnieren Milky-Way®-Riegel hacken, aufstreuen und die Rolle zusätzlich mit frischen Kirschen garnieren.

®Registered trademark of Masterfoods

Schnelle Nussrolle

Zubereitungszeit: 35 Min.,
ohne Abkühlzeit
Backzeit: 12–15 Min.

Insgesamt:
E: 47 g, F: 87 g, Kh: 382 g,
kJ: 10744, kcal: 2566

Für den Biskuitteig:
- **4 Eier (Größe M)**
- **4 EL heißes Wasser**
- **100 g Zucker**
- **1 Pck. Vanillin-Zucker**
- **abgeriebene Schale von
  ½ Bio-Zitrone oder
  Bio-Orange
  (unbehandelt, ungewachst)**
- **50 g Weizenmehl**
- **1 gestr. TL Backpulver**
- **100 g gemahlene
  Haselnusskerne**

Für die Füllung:
- **300 g Aprikosenkonfitüre**
- **3 EL Aprikosenlikör
  oder weißer Rum**

Zum Bestäuben:
- **Puderzucker**

1 Für den Teig Eier und Wasser mit Handrührgerät mit Rührbesen auf höchster Stufe in 1 Minute schaumig schlagen. Zucker mit Vanillin-Zucker, Zitronen- oder Orangenschale mischen, in 1 Minute einstreuen und dann noch etwa 2 Minuten schlagen.

2 Mehl mit Backpulver mischen, auf die Eiercreme sieben und kurz auf niedrigster Stufe unterrühren. Haselnusskerne vorsichtig unterheben.

3 Den Teig auf ein Backblech (30 x 40 cm, gefettet, mit Backpapier belegt) geben und glatt streichen. An der offenen Seite des Backbleches das Backpapier unmittelbar vor dem Teig zur Falte knicken, so dass ein Rand entsteht. Das Backblech in den Backofen schieben.

Ober-/Unterhitze:
etwa 200 °C (vorgeheizt)
Heißluft: etwa 180 °C (vorgeheizt)
Gas: Stufe 3–4 (vorgeheizt)
Backzeit: 12–15 Min.

4 Die Biskuitplatte sofort vom Rand lösen und auf ein mit Zucker bestreutes Backpapier stürzen. Mitgebackenes Backpapier mit kaltem Wasser bestreichen und vorsichtig, aber schnell abziehen.

5 Für die Füllung Konfitüre mit Likör oder Rum verrühren. Die Biskuitplatte sofort mit der Füllung bestreichen, von der kürzeren Seite aus aufrollen und erkalten lassen.

6 Die Biskuitrolle vor dem Servieren mit Puderzucker bestäuben.

- **Tipp:**
Anstelle der Aprikosenkonfitüre können Sie auch Preiselbeer- oder Waldbeerkonfitüre und Rum verwenden.

Exotische Mangorolle

**Zubereitungszeit: 40 Min.,
ohne Kühlzeit
Backzeit: 8–10 Min.**

**Insgesamt:
E: 76 g, F: 238 g, Kh: 301 g,
kJ: 15318, kcal: 3657**

Für den Biskuitteig:
- **4 Eier (Größe M)**
- **1 Eigelb (Größe M)**
- **75 g Zucker**
- **1 Pck. Vanillin-Zucker**
- **125 g Weizenmehl**
- **1 EL Kakaopulver**
- **½ gestr. TL Backpulver**
- **20 g Kokosraspel, grob**

Für die Füllung:
- **6 Blatt weiße Gelatine**
- **1 Dose Mangos in Scheiben
  (Abtropfgewicht 225 g)**
- **125 ml (⅛ l)
  Maracujanektar**
- **2 EL Zucker**
- **1 Pck. Finesse Geriebene
  Zitronenschale**
- **100 g Physalis
  (Kapstachelbeeren)**
- **250 ml (¼ l) Schlagsahne**

Zum Bestreuen, Bestreichen
und Garnieren:
- **50 g Kokosraspel, grob**
- **250 ml (¼ l) Schlagsahne**
- **1 Pck. Sahnesteif**
- **nach Belieben einige
  frische Mangoscheiben**

1 Für den Teig Eier und Eigelb mit Handrührgerät mit Rührbesen auf höchster Stufe in 1 Minute schaumig schlagen. Zucker und Vanillin-Zucker mischen, in 1 Minute einstreuen, dann noch etwa 2 Minuten weiterschlagen.

2 Mehl mit Kakaopulver und Backpulver mischen, auf die Eiercreme sieben und kurz auf niedrigster Stufe unterrühren. Zuletzt die Kokosraspel unterheben. Den Teig auf ein Backblech (30 x 40 cm, gefettet, mit Backpapier belegt) geben und glatt streichen. Das Backblech in den Backofen schieben.

**Ober-/Unterhitze:
etwa 200 °C (vorgeheizt)
Heißluft: etwa 180 °C (vorgeheizt)
Gas: Stufe 3–4 (vorgeheizt)
Backzeit: 8–10 Min.**

3 Den Biskuit nach dem Backen vom Rand lösen, auf eine Arbeitsfläche stürzen und erkalten lassen. Anschließend Backpapier vorsichtig abziehen.

4 Für die Füllung Gelatine nach Packungsanleitung einweichen. Mangoscheiben in einem Sieb gut abtropfen lassen. Die Hälfte der Scheiben würfeln, restliche Mangoscheiben mit dem Maracujanektar pürieren. Gelatine leicht ausdrücken und in einem Topf unter Rühren bei schwacher Hitze auflösen (nicht kochen). Etwas vom Püree hinzugeben und verrühren, dann die Masse mit dem restlichen Püree verrühren und kalt stellen.

5 Physalis (5 Stück zum Garnieren beiseite legen) waschen, trockentupfen und in dünne Scheiben schneiden. Sahne steif schlagen und unter das Mangopüree heben. Die Creme auf die Biskuitplatte streichen und mit Mangowürfeln und Physalisscheiben bestreuen. Die Biskuitplatte vorsichtig von der längeren Seite aus aufrollen und etwa 2 Stunden kalt stellen.

6 Vor dem Servieren zum Bestreuen Kokosraspel in einer Pfanne ohne Fett leicht bräunen und auf einem Teller erkalten lassen. Zum Bestreichen Sahne mit Sahnesteif steif schlagen, die Rolle damit bestreichen, mit Kokosraspeln bestreuen und mit den zurückgelassenen Physalis garnieren. Nach Belieben die Rolle mit einigen frischen Mangoscheiben belegen.

Goldmarie-Cappuccino-Rolle

Zubereitungszeit: 35 Min.,
ohne Kühlzeit
Backzeit: 8–10 Min.

Insgesamt:
E: 80 g, F: 321 g, Kh: 299 g,
kJ: 18448, kcal: 4410

Für den Biskuitteig:
- **4 Eier (Größe M)**
- **1 Eigelb (Größe M)**
- **75 g Zucker**
- **1 Pck. Finesse Bourbon-Vanille-Aroma**
- **60 g Weizenmehl**
- **20 g Kakaopulver**
- **½ gestr. TL Backpulver**

Für die Füllung:
- **10 Schoko-Nuss-Konfektkugeln**
- **400 ml Schlagsahne**
- **1 Pck. (10 g) Instant-Cappuccinopulver**
- **2 Pck. Sahnesteif**

Zum Verzieren und Garnieren:
- **100 g Halbbitter-Kuvertüre**
- **1 EL Speiseöl**
- **100 ml Schlagsahne**
- **6 Schoko-Nuss-Konfektkugeln**
- **Kakaopulver**

1 Für den Teig Eier und Eigelb mit Handrührgerät mit Rührbesen auf höchster Stufe in 1 Minute schaumig schlagen. Zucker in 1 Minute einstreuen, dann noch etwa 2 Minuten weiterschlagen. Aroma kurz unterrühren.

2 Mehl mit Kakaopulver und Backpulver mischen, auf die Eiercreme sieben und kurz auf niedrigster Stufe unterrühren. Den Teig auf ein Backblech (30 x 40 cm, gefettet, mit Backpapier belegt) geben und glatt streichen. Das Backblech in den Backofen schieben.

Ober-/Unterhitze:
etwa 200 °C (vorgeheizt)
Heißluft: etwa 180 °C (vorgeheizt)
Gas: Stufe 3–4 (vorgeheizt)
Backzeit: 8–10 Min.

3 Den Gebäckrand mit einem Messer vom Backblech lösen, dann auf ein mit etwas Zucker bestreutes Backpapier stürzen, mitgebackenes Backpapier vorsichtig abziehen und die Platte erkalten lassen.

4 Für die Füllung die Konfektkugeln grob hacken. Schlagsahne mit Cappuccinopulver und Sahnesteif steif schlagen und die gehackten Konfektkugeln kurz unterrühren. Die Creme auf die erkaltete Gebäckplatte streichen und mit Hilfe des Backpapiers von der längeren Seite aus aufrollen.

5 Zum Verzieren Kuvertüre mit Öl in einem Topf im Wasserbad bei schwacher Hitze geschmeidig rühren, die Rolle damit besprenkeln und kalt stellen. Sahne steif schlagen, in einen Spritzbeutel mit Lochtülle geben und die Rolle damit verzieren. Zum Garnieren Konfektkugeln vorsichtig halbieren und auf der Rolle verteilen. Vor dem Servieren die Rolle mit wenig Kakao bestäuben.

Preiselbeerrolle

***Zubereitungszeit: 50 Min.,
ohne Kühlzeit
Backzeit: etwa 12 Min.***

***Insgesamt:
E: 65 g, F: 224 g, Kh: 393 g,
kJ: 16249, kcal: 3874***

Für den Biskuitteig:
- **4 Eier (Größe M)**
- **1 Eigelb (Größe M)**
- **4 EL heißes Wasser**
- **125 g Zucker**
- **1 Pck. Vanillin-Zucker**
- **100 g Weizenmehl**
- **25 g Speisestärke**
- **1 Msp. Backpulver**

Für die Füllung:
- **2 Gläser Wild-Preisel-beer-Dessert (Abtropfgewicht je 175 g)**
- **1 Pck. Sahnetortenhilfe**
- **200 ml Preiselbeerflüssig-keit aus dem Glas**
- **600 ml Schlagsahne**
- **2 Pck. Vanillin-Zucker**

Nach belieben zum Garnieren:
- **Zitronenmelisse**

1 Für den Teig Eier, Eigelb und Wasser mit Handrührgerät mit Rührbesen auf höchster Stufe in 1 Minute schaumig schlagen. Zucker mit Vanillin-Zucker mischen, in 1 Minute einstreuen, dann noch etwa 2 Minuten weiterschlagen.

2 Mehl mit Speisestärke und Backpulver mischen, auf die Eiercreme sieben und kurz auf niedrigster Stufe unterrühren. Den Teig auf ein Backblech (30 x 40 cm, gefettet, mit Backpapier belegt) streichen. Das Backpapier unmittelbar vor dem Teig zur Falte knicken, so dass ein Rand entsteht. Das Backblech in den Backofen schieben.

**Ober-/Unterhitze:
etwa 200 °C (vorgeheizt)
Heißluft: etwa 180 °C (vorgeheizt)
Gas: Stufe 3–4 (vorgeheizt)
Backzeit: etwa 12 Min.**

3 Die Biskuitplatte sofort vom Rand lösen, auf ein mit Zucker bestreutes Backpapier stürzen und mit dem Backpapier erkalten lassen.

4 Für die Füllung Preiselbeeren zum Abtropfen in ein Sieb geben (evtl. anschließend auf Küchenpapier legen), den Saft dabei auffangen und 200 ml davon abmessen.

5 Sahnetortenhilfe mit Preiselbeersaft nach Packungsanleitung anrühren. Sahne mit Vanillin-Zucker steif schlagen und unterheben. Die abgetropften Preiselbeeren unter gut die Hälfte der Sahnemasse heben. Die Biskuitplatte mit der Preiselbeersahne bestreichen und von der längeren Seite aus aufrollen.

6 Die Biskuitrolle mit der restlichen Sahnecreme bestreichen und kurz kalt stellen. Mit Hilfe einer Gabel wellenförmige Längsstriche durch die Sahne ziehen. Die Rolle etwa 2 Stunden kalt stellen.

Schoko-Aprikosen-Rolle

Zubereitungszeit: 50 Min.,
ohne Kühlzeit
Backzeit: etwa 12 Min.

Insgesamt:
E: 73 g, F: 292 g, Kh: 447 g,
kJ: 19813, kcal: 4727

Für den Biskuitteig:
- **4 Eier (Größe M)**
- **1 Eigelb (Größe M)**
- **4 EL heißes Wasser**
- **125 g Zucker**
- **1 Pck. Vanillin-Zucker**
- **100 g Weizenmehl**
- **25 g Speisestärke**
- **1 gestr. TL Backpulver**

Für die Füllung:
- **1 Dose Aprikosen (Abtropfgewicht 480 g)**
- **1 Pck. Pudding-Pulver Schokoladen-Geschmack**
- **25 g Zucker**
- **500 ml (½ l) Milch**
- **100 g Zartbitterschokolade**
- **250 g weiche Butter**

Zum Bestäuben:
- **Kakaopulver**

1 Für den Biskuitteig Eier, Eigelb und Wasser mit Handrührgerät mit Rührbesen auf höchster Stufe in 1 Minute schaumig schlagen. Zucker und Vanillin-Zucker mischen und in 1 Minute einstreuen. Dann noch etwa 2 Minuten weiterschlagen.

2 Mehl mit Speisestärke und Backpulver mischen, auf die Eiercreme sieben und kurz auf niedrigster Stufe unterrühren. Den Teig auf ein Backblech (30 x 40 cm, gefettet, mit Backpapier belegt) streichen. Das Backpapier unmittelbar vor dem Teig zur Falte knicken und das Backblech in den Backofen schieben.

Ober-/Unterhitze:
etwa 200 °C (vorgeheizt)
Heißluft: etwa 180 °C (vorgeheizt)
Gas: Stufe 3–4 (vorgeheizt)
Backzeit: etwa 12 Min.

3 Die Biskuitplatte sofort nach dem Backen vom Rand lösen, auf ein mit Zucker bestreutes Backpapier stürzen und mit dem Backpapier erkalten lassen.

4 Für die Füllung Aprikosen in einem Sieb gut abtropfen lassen und in Spalten schneiden. Aus Pudding-Pulver, Zucker und Milch nach Packungsanleitung einen Pudding zubereiten. Pudding von der Kochstelle nehmen und in eine Rührschüssel geben. Die Schokolade in Stücke brechen und unter Rühren in dem noch warmen Pudding auflösen. Den Pudding direkt mit Frischhaltefolie bedecken, damit sich keine Haut bildet, und bei Zimmertemperatur erkalten lassen (nicht kalt stellen).

5 Butter geschmeidig rühren, den erkalteten Pudding esslöffelweise darunter geben (dabei darauf achten, dass Butter und Pudding Zimmertemperatur haben, da die Buttercreme sonst gerinnt).

6 Mitgebackenes Backpapier vorsichtig vom Biskuit abziehen, den Biskuit mit gut der Hälfte der Creme bestreichen und mit den Aprikosenspalten (einige zum Garnieren zurücklassen) belegen. Platte von der längeren Seite aus aufrollen und etwa 30 Minuten kalt stellen.

7 Die Rolle mit der restlichen Buttercreme bestreichen und mit Hilfe eines Löffels Vertiefungen in die Buttercreme eindrücken. Die Rolle kalt stellen, kurz vor dem Servieren mit Kakaopulver bestäuben und mit den restlichen Aprikosenspalten garnieren.

■ Tipp:
Die Buttercreme für die Füllung schmeckt noch fruchtiger mit einer Schoko-Aprikosen-Creme. Dazu den Pudding mit 300 ml Milch, 200 ml Aprikosensaft aus der Dose und dem Zucker zubereiten.

Zitronenrolle

Zubereitungszeit: 45 Min., ohne Kühlzeit
Backzeit: etwa 12 Min.

Insgesamt:
E: 70 g, F: 157 g, Kh: 399 g, kJ: 13846, kcal: 3304

Für den Biskuitteig:
- **4 Eier (Größe M)**
- **1 Eigelb (Größe M)**
- **4 EL heißes Wasser**
- **125 g Zucker**
- **1 Pck. Vanillin-Zucker**
- **100 g Weizenmehl**
- **25 g Speisestärke**
- **1 Msp. Backpulver**

Für die Füllung:
- **250 ml (¼ l) Schlagsahne**
- **2 Becher (je etwa 200 g) Zitronenjoghurt**
- **1 Pck. Paradiescreme Zitrone-Geschmack (Dessertpulver)**

Zum Verzieren und Garnieren:
- **50 g Zartbitterschokolade oder Halbbitter-Kuvertüre**
- **einige hauchdünne Schokotäfelchen**

1 Für den Teig Eier, Eigelb und Wasser mit Handrührgerät mit Rührbesen auf höchster Stufe in 1 Minute schaumig schlagen. Zucker und Vanillin-Zucker mischen, in 1 Minute einstreuen, dann noch etwa 2 Minuten schlagen. Mehl mit Speisestärke und Backpulver mischen, auf die Eiercreme sieben und kurz auf niedrigster Stufe unterrühren.

2 Den Teig auf ein Backblech (30 x 40 cm, mit Backpapier belegt) streichen. An der offenen Seite des Backblechs das Backpapier unmittelbar vor dem Teig zur Falte knicken, so dass ein Rand entsteht. Das Backblech in den Backofen schieben.

Ober-/Unterhitze:
etwa 200 °C (vorgeheizt)
Heißluft: etwa 180 °C (vorgeheizt)
Gas: Stufe 3–4 (vorgeheizt)
Backzeit: etwa 12 Min.

3 Den Biskuit sofort nach dem Backen vom Rand lösen, auf ein mit Zucker bestreutes Backpapier stürzen und mit dem Backpapier erkalten lassen.

4 Für die Füllung Sahne steif schlagen. Joghurt in eine Rührschüssel geben, Dessertpulver hinzufügen und mit Handrührgerät mit Rührbesen nach Packungsanleitung cremig schlagen. Sahne vorsichtig unterheben.

5 Mitgebackenes Backpapier vom Biskuit vorsichtig abziehen. Zwei Drittel der Creme auf der Gebäckplatte verteilen und verstreichen. Biskuit mit der Füllung von der längeren Seite aus aufrollen, die Rolle außen mit der restlichen Creme bestreichen und kalt stellen.

6 Zum Verzieren Schokolade oder Kuvertüre in kleine Stücke brechen oder hacken und in einem kleinen Topf im Wasserbad bei schwacher Hitze zu einer geschmeidigen Masse verrühren. Die Schokolade oder Kuvertüre mit Hilfe eines Teelöffels über die Rolle sprenkeln und die Rolle mit zu Dreiecken geschnittenen Schokotäfelchen garnieren.

- **Tipp:**
Die Rolle zusätzlich mit Zitronenzesten (Zitronenschalestreifen) garnieren.

Schwarzwälder Kirschrolle

**Zubereitungszeit: 50 Min.,
ohne Kühlzeit
Backzeit: etwa 12 Min.**

**Insgesamt:
E: 65 g, F: 355 g, Kh: 238 g,
kJ: 16031, kcal: 3822**

Für den Biskuitteig:
- **4 Eier (Größe M)**
- **4 EL heißes Wasser**
- **125 g Zucker**
- **1 Pck. Vanillin-Zucker**
- **75 g Weizenmehl**
- **25 g Speisestärke**
- **25 g Kakaopulver**
- **1 gestr. TL Backpulver**

Für die Füllung:
- **3 Blatt weiße Gelatine**
- **600 ml Schlagsahne**
- **1 EL Zucker**
- **1 Pck. Vanillin-Zucker**
- **250 g Kirschgrütze
  (aus dem Kühlregal)**

Zum Garnieren:
- **25 g Vollmilchschokolade**
- **25 g weiße Schokolade**

1 Für den Teig Eier und Wasser mit Handrührgerät mit Rührbesen auf höchster Stufe in 1 Minute schaumig schlagen. Zucker und Vanillin-Zucker mischen, in 1 Minute einstreuen, dann noch etwa 2 Minuten weiterschlagen. Mehl mit Speisestärke, Kakao und Backpulver mischen, auf die Eiercreme sieben und kurz auf niedrigster Stufe unterrühren.

2 Den Teig auf ein Backblech (30 x 40 cm, gefettet, mit Backpapier belegt) streichen, an der offenen Seite des Backblechs das Backpapier unmittelbar vor dem Teig zur Falte knicken, so dass ein Rand entsteht. Das Backblech in den Backofen schieben.

**Ober-/Unterhitze:
etwa 200 °C (vorgeheizt)
Heißluft: etwa 180 °C (vorgeheizt)
Gas: Stufe 3–4 (vorgeheizt)
Backzeit: etwa 12 Min.**

3 Den Biskuit sofort nach dem Backen vom Rand lösen, auf ein mit Zucker bestreutes Backpapier stürzen und mit Backpapier erkalten lassen.

4 Für die Füllung Gelatine nach Packungsanleitung einweichen. Sahne mit Zucker und Vanillin-Zucker steif schlagen. Gelatine leicht ausdrücken und in einem kleinen Topf bei schwacher Hitze unter Rühren auflösen (nicht kochen). Von der Sahne 2 Esslöffel abnehmen und mit der Gelatine verrühren. Die Gelatinemasse dann zügig unter die restliche Sahne rühren. Vom Biskuit vorsichtig das mitgebackene Backpapier abziehen und den Biskuit mit knapp zwei Dritteln der Sahnemasse bestreichen.

5 Von der Kirschgrütze 1 Esslöffel abnehmen und zum Garnieren zurücklassen, die restliche Grütze vorsichtig auf der Sahne verteilen und die Biskuitplatte von der längeren Seite aus aufrollen. Die Rolle mit der restlichen Sahnecreme bestreichen und mit einem Tortengarnierkamm ein Muster in die Sahne streichen. Die Schwarzwälder Kirschrolle etwa 2 Stunden kalt stellen.

6 Zum Garnieren die restliche Kirschgrütze mit Hilfe eines Teelöffels auf die Rolle klecksen. Beide Schokoladensorten raspeln (am besten mit einem Sparschäler) und die Rolle vor dem Servieren damit bestreuen.

■ Tipp:
Nach Belieben zusätzlich 2–3 Esslöffel Kirschwasser unter die Sahne geben. Sie können die Kirschrolle 1–2 Tage vor dem Verzehr zubereiten.
Sie ist auch gefriergeeignet, dann die gesamte Kirschgrütze zum Füllen verwenden.
Die Schokolade lässt sich gut raspeln, wenn sie vorher einige Zeit im Kühlschrank lag.

Froschkönig-Rolle

**Zubereitungszeit: 60 Min.,
ohne Kühlzeit
Backzeit: 8–10 Min.**

**Insgesamt:
E: 78 g, F: 222 g, Kh: 341 g,
kJ: 15487, kcal: 3693**

Für den Biskuitteig:

- **4 Eier (Größe M)**
- **1 Eigelb (Größe M)**
- **75 g Zucker**
- **30 g Weizenmehl**
- **1 Pck. Pudding-Pulver Vanille-Geschmack**
- **1 gestr. TL Backpulver**

Für die Füllung:

- **4 Blatt weiße Gelatine**
- **1 Glas Stachelbeeren (Abtropfgewicht 195 g)**
- **2 EL Zitronensaft**
- **75 ml Waldmeistersirup**
- **2 EL Zucker**
- **200 g Doppelrahm-Frischkäse**
- **100 ml Stachelbeersaft aus dem Glas**
- **225 ml Schlagsahne**
- **1 Becher (125 g) Götterspeise Waldmeister-Geschmack**

Zum Bestreichen und Garnieren:

- **175 ml Schlagsahne**
- **1 Pck. Vanillin-Zucker**

- **1 Becher (125 g) Götterspeise Waldmeister-Geschmack**
- **einige Fruchtgummifrösche**

1 Für den Teig Eier und Eigelb mit Handrührgerät mit Rührbesen auf höchster Stufe in 1 Minute schaumig schlagen. Zucker in 1 Minute einstreuen, dann noch etwa 2 Minuten weiterschlagen.

2 Mehl mit Pudding-Pulver und Backpulver mischen, auf die Eiercreme sieben und kurz auf niedrigster Stufe unterrühren. Den Teig auf ein Backblech (30 x 40 cm, gefettet, mit Backpapier belegt) geben, glatt streichen und das Backblech in den Backofen schieben.

Ober-/Unterhitze:
etwa 200 °C (vorgeheizt)
Heißluft: etwa 180 °C (vorgeheizt)
Gas: Stufe 3–4 (vorgeheizt)
Backzeit: 8–10 Min.

3 Nach dem Backen Gebäckrand mit einem Messer lösen, Platte auf mit Zucker bestreutes Backpapier stürzen und mitgebackenes Backpapier vorsichtig abziehen. Die Biskuitplatte erkalten lassen.

4 Für die Füllung Gelatine nach Packungsanleitung einweichen. Stachelbeeren in einem Sieb gut abtropfen lassen, Saft dabei auffangen und 100 ml davon abmessen. Zitronensaft mit Sirup, Zucker, Frischkäse und dem abgemessenen Stachelbeersaft verrühren.

5 Gelatine leicht ausdrücken und in einem kleinen Topf bei schwacher Hitze unter Rühren auflösen (nicht kochen). Etwas von der Frischkäsemasse in die Gelatine rühren, dann zur restlichen Frischkäsemasse geben und gut verrühren. Die Masse kalt stellen.

6 Wenn die Masse beginnt dicklich zu werden, Sahne steif schlagen und unterheben. Götterspeise aus dem Becher stürzen, würfeln und ebenfalls unterheben. Die Creme auf die erkaltete Gebäckplatte streichen, Stachelbeeren darauf verteilen und die Platte von der längeren Seite aus aufrollen. Die Rolle 1–2 Stunden kalt stellen.

7 Zum Bestreichen und Garnieren Sahne mit Vanillin-Zucker steif schlagen und die Rolle damit bestreichen. Götterspeise aus dem Becher stürzen, in Würfel schneiden und die Rolle mit Götterspeisewürfeln und Fruchtgummifröschen garnieren.

Stracciatella-Bananen-Rolle

*Zubereitungszeit: 35 Min.,
ohne Kühlzeit
Backzeit: 8–10 Min.*

*Insgesamt:
E: 99 g, F: 162 g, Kh: 352 g,
kJ: 13724, kcal: 3277*

Für den Biskuitteig:

- **20 g Bananenchips**
- **5 Eier (Größe 1M)**
- **100 g Zucker**
- **1 Pck. Bourbon-Vanille-Zucker**
- **75 g Weizenmehl**
- **10 g Kakaopulver**
- **½ gestr. TL Backpulver**

Für die Füllung:

- **1 Pck. Mousse à la Vanille**
- **125 ml (⅛ l) Bananennektar**
- **200 ml Schlagsahne**
- **250 g Magerquark**
- **2 EL Zartbitter-Raspelschokolade**
- **2–3 Bananen, möglichst gerade gewachsen**
- **1 EL Zitronensaft**

Zum Verzieren:

- **100 ml Schlagsahne**
- **50 g Halbbitter-Kuvertüre**
- **1 TL Speiseöl**

1 Für den Teig Bananenchips grob hacken. Eier mit Handrührgerät mit Rührbesen auf höchster Stufe in 1 Minute schaumig schlagen. Zucker und Vanille-Zucker mischen, in 1 Minute einstreuen, dann noch etwa 2 Minuten weiterschlagen.

2 Mehl mit Kakaopulver und Backpulver mischen, auf die Eiercreme sieben und kurz auf niedrigster Stufe unterrühren. Den Teig auf ein Backblech (30 x 40 cm, gefettet, mit Backpapier belegt) geben, glatt streichen und mit den gehackten Bananenchips bestreuen. Das Backblech in den Backofen schieben.

**Ober-/Unterhitze:
etwa 200 °C (vorgeheizt)
Heißluft: etwa 180 °C (vorgeheizt)
Gas: Stufe 3–4 (vorgeheizt)
Backzeit: 8–10 Min.**

3 Nach dem Backen Gebäckrand mit einem Messer vom Backblech lösen, dann auf ein mit wenig Zucker bestreutes Backpapier stürzen, mitgebackenes Backpapier abziehen und Gebäck erkalten lassen.

4 Für die Füllung Mousse à la Vanille nach Packungsanleitung, aber mit Bananennektar und Sahne zubereiten. Quark unterrühren und Raspelschokolade unterheben. Die Creme auf die erkaltete Gebäckplatte streichen. Bananen schälen, mit Zitronensaft bestreichen und an die untere lange Gebäckkante auf die Creme legen. Die Biskuitplatte mit Hilfe des Backpapiers von der längeren Seite aus aufrollen (bei den Bananen beginnend) und etwa 30 Minuten kalt stellen.

5 Zum Garnieren Schlagsahne steif schlagen und mit einem Teelöffel kleine Hügel auf die Rolle setzen. Kuvertüre grob hacken, mit Öl in einem kleinen Topf im Wasserbad geschmeidig rühren und in einen kleinen Gefrierbeutel oder ein Papiertütchen füllen. Eine kleine Spitze abschneiden und die Rolle damit verzieren.

Bellini-Rolle

Zubereitungszeit: 40 Min.,
ohne Kühlzeit
Backzeit: 8–10 Min.

Insgesamt:
E: 75 g, F: 164 g, Kh: 335 g,
kJ: 13769, kcal: 3283

Für den Biskuitteig:
- **4 Eier (Größe M)**
- **1 Eigelb (Größe M)**
- **75 g Zucker**
- **1 Pck. Finesse Bourbon-Vanille-Aroma**
- **75 g Weizenmehl**
- **15 g Speisestärke**
- **½ gestr. TL Backpulver**
- **50 g abgezogene, gehobelte Mandeln**

Für die Füllung:
- **2 Blatt weiße Gelatine**
- **1 kleine Dose Pfirsichhälften (Abtropfgewicht 250 g)**
- **2 EL Pfirsichlikör oder Pfirsichsaft aus der Dose**
- **1 Pck. Aranca Zitronen-Geschmack (Dessertpulver)**
- **200 ml Sekt oder Prosecco**
- **150 g Naturjoghurt**
- **250 ml (¼ l) Schlagsahne**
- **1 Pck. Sahnesteif**

Zum Garnieren und Verzieren:
- **1 reifer Pfirsich**
- **Zitronensaft**
- **50 g weiße Kuvertüre**
- **1 TL Speiseöl**

1 Für den Teig Eier und Eigelb mit Handrührgerät mit Rührbesen auf höchster Stufe in 1 Minute schaumig schlagen. Zucker in 1 Minute einstreuen, dann noch etwa 2 Minuten weiterschlagen. Aroma kurz unterrühren.

2 Mehl mit Speisestärke und Backpulver mischen, auf die Eiercreme sieben und kurz auf niedrigster Stufe unterrühren. Den Teig auf ein Backblech (30 x 40 cm, gefettet, mit Backpapier belegt) geben und glatt streichen. Die Oberfläche mit Mandeln bestreuen und das Backblech in den Backofen schieben.

Ober-/Unterhitze:
etwa 200 °C (vorgeheizt)
Heißluft: etwa 180 °C (vorgeheizt)
Gas: Stufe 3–4 (vorgeheizt)
Backzeit: 8–10 Min.

3 Nach dem Backen Gebäckrand mit einem Messer lösen, auf ein mit wenig Zucker bestreutes Backpapier stürzen, mitgebackenes Backpapier abziehen und die Platte erkalten lassen.

4 Für die Füllung Gelatine nach Packungsanleitung einweichen. Pfirsiche in einem Sieb abtropfen lassen, etwas Saft dabei auffangen und die Pfirsiche mit Likör oder Saft pürieren. Gelatine leicht ausdrücken, in einem kleinen Topf bei schwacher Hitze unter Rühren auflösen (nicht kochen) und in das Püree rühren. Masse kalt stellen.

5 Aranca mit Sekt oder Prosecco nach Packungsanleitung zubereiten und Joghurt unterrühren. Sahne mit Sahnesteif steif schlagen und unterheben. Creme auf die erkaltete Gebäckplatte streichen, Pfirsichpüree darauf klecksen und mit einem Löffel etwas in die Creme einarbeiten. Die Platte von der längeren Seite aus aufrollen und die Rolle kalt stellen.

6 Zum Garnieren Pfirsich waschen, abtrocknen, halbieren und den Stein entfernen. Die Hälften in schmale Spalten schneiden, auf die Rolle legen und mit etwas Zitronensaft bestreichen. Zum Verzieren Kuvertüre grob hacken, mit Öl in einem Topf im Wasserbad bei schwacher Hitze geschmeidig rühren und in einen kleinen Gefrierbeutel oder ein Papiertütchen füllen. Die Rolle damit besprenkeln.

Milka-Herzen-Rolle

**Zubereitungszeit: 50 Min.,
ohne Kühlzeit
Backzeit: etwa 10 Min.**

**Insgesamt:
E: 65 g, F: 300 g, Kh: 342 g,
kJ: 18128, kcal: 4332**

Für die dunkle Füllung:
- 150 g Zartbitterschokolade
- 6 Milka Nuss-Nougat-Creme-Herzen
- 250 ml (¼ l) Schlagsahne
- ½ Pck. Finesse Orangenfrucht

Für den Biskuitteig:
- 3 Eier (Größe M)
- 1 Eigelb (Größe M)
- 70 g Zucker
- 1 Pck. Vanillin-Zucker
- 50 g Weizenmehl
- 15 g Speisestärke
- ½ gestr. TL Backpulver
- 1 geh. TL Kakaopulver
- ½ Pck. Finesse Orangenfrucht

Für die helle Füllung:
- 250 ml (¼ l) Schlagsahne
- 1 Pck. Sahnesteif
- 12 Milka Nuss-Nougat-Creme-Herzen

Zum Verzieren und Garnieren:
- 50 g Zartbitterschokolade
- 6 Milka Nuss-Nougat-Creme-Herzen

1 Für die dunkle Füllung Schokolade und Milka-Herzen grob hacken. Sahne erwärmen und die Schokostücke darin unter Rühren auflösen, bis eine glatte Masse entsteht. Orangenfrucht dazugeben. Frischhaltefolie direkt auf die Oberfläche der Masse legen und die Masse über Nacht kalt stellen.

2 Für den Teig Eier und Eigelb mit Handrührgerät mit Rührbesen auf höchster Stufe in 1 Minute schaumig schlagen. Zucker und Vanillin-Zucker mischen, in 1 Minute einstreuen, dann noch etwa 2 Minuten weiterschlagen. Mehl mit Speisestärke und Backpulver mischen, auf die Eiercreme sieben und kurz auf niedrigster Stufe unterrühren.

3 Die Hälfte des Teiges in einen Gefrierbeutel füllen. Kakaopulver sieben und mit Orangenfrucht unter den restlichen Teig rühren. Diesen ebenso in einen Gefrierbeutel füllen. Ein Backblech (30 x 40 cm) fetten und mit Backpapier belegen, dabei an der offenen Seite das Backpapier mehrfach falten, so dass ein Rand entsteht.

4 Eine Ecke vom Beutel mit dem hellen Teig abschneiden, so dass eine Öffnung von etwa 1,5 cm entsteht, den Teig in Streifen mit etwas Abstand diagonal aufspritzen. Vom Beutel mit dem dunklen Teig ebenfalls eine Ecke abschneiden und den dunklen Teig in Streifen zwischen die hellen Streifen spritzen.

Das Backblech sofort in den Backofen schieben.

**Ober-/Unterhitze:
etwa 200 °C (vorgeheizt)
Heißluft: etwa 180 °C (vorgeheizt)
Gas: Stufe 3–4 (vorgeheizt)
Backzeit: etwa 10 Min.**

5 Biskuitplatte sofort nach dem Backen mit einem Messer vom Rand lösen, Platte auf ein mit Zucker bestreutes Stück Backpapier stürzen und mitgebackenes Backpapier vorsichtig abziehen. Gebäck erkalten lassen. Anschließend die kalte Schoko-Sahne-Masse mit Handrührgerät mit Rührbesen cremig aufschlagen und auf die erkaltete Biskuitplatte streichen.

6 Für die helle Füllung Sahne mit Sahnesteif steif schlagen, zwei Esslöffel davon in einen Spritzbeutel mit kleiner Lochtülle geben und die restliche Sahne auf die Schokocreme streichen. Milka-Herzen hacken und über die Sahne streuen. Die Gebäckplatte mit Hilfe des Backpapiers vorsichtig aufrollen. Die Rolle mit der Sahne aus dem Spritzbeutel verzieren und kalt stellen.

7 Zum Garnieren vor dem Servieren Schokolade in Stücke brechen, in einem Topf im Wasserbad bei schwacher Hitze geschmeidig rühren und über die Rolle sprenkeln. Die Rolle mit Milka-Herzen garnieren.

Rouladi

**Zubereitungszeit: 50 Min.,
ohne Kühlzeit
Backzeit: 10–12 Min.**

**Insgesamt:
E: 72 g, F: 122 g, Kh: 411 g,
kJ: 12784, kcal: 3052**

Für den Biskuitteig:
- **4 Eier (Größe M)**
- **100 g Zucker**
- **1/2 Pck. Finesse Orangenfrucht**
- **110 g Weizenmehl**
- **30 g Speisestärke**
- **1 Msp. Backpulver**

Zum Bestreichen:
- **100 g Orangenmarmelade oder Erdbeerkonfitüre**

Für die Füllung:
- **4 Blatt weiße Gelatine**
- **100 ml Orangensaft**
- **3 EL Zucker**
- **1/2 Pck. Finesse Orangenfrucht**
- **250 g Naturjoghurt**
- **125 ml (1/8 l) Schlagsahne**
- **1/2 Pck. Sahnesteif**

- **12 Löffelbiskuits**

Zum Verzieren und Garnieren:
- **125 ml (1/8 l) Schlagsahne**
- **1/2 Pck. Sahnesteif**
- **2 Kiwis**
- **Nuss-Nougat-Creme**

1 Für den Teig Eier mit Handrührgerät mit Rührbesen auf höchster Stufe in 1 Minute schaumig schlagen. Zucker und Orangenfrucht mischen, in 1 Minute einstreuen, dann noch etwa 2 Minuten weiterschlagen.

2 Mehl mit Speisestärke und Backpulver mischen, auf die Eiercreme sieben und kurz auf niedrigster Stufe unterrühren. Den Teig auf ein Backblech (30 x 40 cm, gefettet, mit Backpapier belegt) streichen und das Backblech in den Backofen schieben.

**Ober-/Unterhitze:
etwa 200 °C (vorgeheizt)
Heißluft: etwa 180 °C (vorgeheizt)
Gas: Stufe 3–4 (vorgeheizt)
Backzeit: 10–12 Min.**

3 Die Biskuitplatte vom Rand lösen, auf ein mit Zucker bestreutes Backpapier stürzen, das mitgebackene Backpapier mit kaltem Wasser bestreichen und vorsichtig abziehen. Einen Streifen (etwa 13 x 30 cm) von der Biskuitplatte abschneiden und in eine mit Frischhaltefolie ausgelegte Rehrückenform legen.

4 Die restliche Biskuitplatte mit Marmelade oder Konfitüre bestreichen und halbieren, so dass zwei Streifen (15 x 27 cm) entstehen. Diese jeweils von der langen Seite aus fest aufrollen, die Rouladen straff in Backpapier einschlagen und kalt stellen.

5 Für die Füllung Gelatine nach Packungsanleitung einweichen. Orangensaft mit Zucker und Orangenfrucht verrühren und erhitzen. Leicht ausgedrückte Gelatine unter Rühren darin auflösen. Joghurt unterrühren. Sahne mit Sahnesteif steif schlagen und unter die Joghurt-Orangensaft-Masse heben. Die Creme in die Form füllen, glatt streichen, mit Löffelbiskuits belegen und 2–3 Stunden kalt stellen.

6 Von den Rouladen 2 längere Stücke (je etwa 10 cm) für Kopf und Schwanz abschneiden, die restlichen Rouladen in 10–12 gut 1 cm dicke Scheiben schneiden. Den Körper aus der Form auf eine Kuchenplatte stürzen und die Frischhaltefolie entfernen.

7 Zum Verzieren und Garnieren kurz vor dem Servieren Sahne mit Sahnesteif steif schlagen und in einen Spritzbeutel mit kleiner Lochtülle füllen. Die Rouladenscheiben mit Sahnetupfen an die Seiten kleben. Kopf und Schwanz ebenso anlegen, „Augen" aufspritzen und die Roulade beliebig mit der restlichen Schlagsahne verzieren. Kiwis schälen, zunächst in Viertel und dann in Scheiben schneiden und damit die Rouladenoberfläche garnieren. „Pupillen" mit etwas Nuss-Nougat-Creme auftupfen.

Tipp:
Der Rouladi schmeckt frisch am besten.

Konfettirolle

(auch Titelfoto)

**Zubereitungszeit: 45 Min.,
ohne Kühlzeit
Backzeit: etwa 12 Min.**

**Insgesamt:
E: 85 g, F: 261 g, Kh: 360 g,
kJ: 17258, kcal: 4121**

Für den Biskuitteig:
- 4 Eier (Größe M)
- 1 Eigelb (Größe M)
- 4 EL heißes Wasser
- 125 g Zucker
- 1 Pck. Vanillin-Zucker
- 100 g Weizenmehl
- 25 g Speisestärke
- 1 gestr. TL Backpulver

Für die Füllung:
- 200 g Marzipan-Rohmasse
- Speisefarben
  (rot, gelb, grün)
- 4 Blatt weiße Gelatine
- 500 ml (½ l) Schlagsahne
- 2 EL Orangensaft
- 4 EL rotes
  Johannisbeergelee

1 Für den Teig Eier, Eigelb und Wasser mit Handrührgerät mit Rührbesen auf höchster Stufe in 1 Minute schaumig schlagen. Zucker und Vanillin-Zucker mischen, in 1 Minute einstreuen, dann noch etwa 2 Minuten weiterschlagen. Mehl mit Speisestärke und Backpulver mischen, auf die Eiercreme sieben und kurz auf niedrigster Stufe unterrühren.

2 Den Teig auf ein Backblech (30 x 40 cm, gefettet, mit Backpapier belegt) streichen und an der offenen Seite des Backblechs das Backpapier unmittelbar vor dem Teig zur Falte knicken, so dass ein Rand entsteht. Das Backblech in den Backofen schieben.

**Ober-/Unterhitze:
etwa 200 °C (vorgeheizt)
Heißluft: etwa 180 °C (vorgeheizt)
Gas: Stufe 3–4 (vorgeheizt)
Backzeit: etwa 12 Min.**

3 Die Gebäckplatte sofort nach dem Backen vom Rand lösen, auf ein mit Zucker bestreutes Backpapier stürzen und mit dem Backpapier erkalten lassen.

4 Für die Füllung Marzipan-Rohmasse in 3 gleiche Stücke teilen, jedes Stück mit etwas Speisefarbe einfärben, in bleistiftdicke Rollen (40–45 cm lang) formen und mit Frischhaltefolie bedecken. Gelatine nach Packungsanleitung einweichen. Sahne steif schlagen. Die leicht ausgedrückte Gelatine in einem kleinen Topf bei schwacher Hitze in dem Orangensaft

unter Rühren auflösen (nicht kochen). Von der Sahne 3 Esslöffel abnehmen und mit dem Orangensaft-Gelatine-Gemisch verrühren. Dann Gelatinemasse zügig unter die restliche Sahne rühren.

5 Mitgebackenes Backpapier vorsichtig vom Biskuit abziehen. Die Biskuitplatte mit glatt gerührtem Johannisbeergelee bestreichen und zwei Drittel der Sahne darauf streichen. Marzipanrollen auf die Länge der Rolle schneiden (Reste zum Garnieren beiseite legen), in wechselnden Farben in Abständen von etwa 5 cm in die Sahne legen und etwas eindrücken.

6 Die Biskuitplatte von der längeren Seite aus aufrollen, mit der restlichen Sahne bestreichen und mit Hilfe eines Tortenkamms oder einer Gabel verzieren. Die restlichen Marzipanstücke in dünne Scheiben (Konfetti) schneiden, die Rolle damit garnieren und 1–2 Stunden kalt stellen.

- **Tipp:**

Für das **Titel- und Vorwortrezept** nur 150 g Marzipan-Rohmasse und nur 400 ml Schlagsahne verwenden. Die Rolle vollständig mit der Sahne füllen (keine Sahne zum Einstreichen zurückbehalten) und die Marzipanstangen vollständig für die Füllung verwenden.

Fruchtige Zwergenröllchen

Zubereitungszeit: 45 Min.,
ohne Kühlzeit
Backzeit: etwa 10 Min.

Insgesamt:
E: 56 g, F: 78 g, Kh: 222 g,
kJ: 7590, kcal: 1812

Für den Biskuitteig:
- ■ **3 Eier (Größe M)**
- ■ **1 Eigelb (Größe M)**
- ■ **75 g Zucker**
- ■ **1 Pck. Finesse Geriebene Zitronenschale**
- ■ **75 g Weizenmehl**
- ■ **15 g Speisestärke**
- ■ **½ gestr. TL Backpulver**
- ■ **einige Tropfen rote Speisefarbe**

Für die Füllung:
- ■ **6 Mini-Becher Fruchtjoghurt (z. B. 2 Himbeer, 2 Pfirsich, 2 Banane)**
- ■ **125 ml (⅛ l) Schlagsahne**
- ■ **1 Pck. Sahnesteif**
- ■ **1 EL Zartbitter-Raspelschokolade**

Zum Garnieren:
- ■ **6–7 Erdbeeren mit Grün**

1 Für den Teig Eier und Eigelb mit Handrührgerät mit Rührbesen auf höchster Stufe in 1 Minute schaumig schlagen. Zucker und Zitronenschale mischen, in 1 Minute einstreuen, dann noch etwa 2 Minuten weiterschlagen. Mehl mit Speisestärke und Backpulver mischen, auf die Eiercreme sieben und kurz auf niedrigster Stufe unterrühren.

2 Die Hälfte des Teiges in einen Gefrierbeutel füllen. Unter die andere Teighälfte einige Tropfen rote Speisefarbe rühren und den Teig ebenfalls in einen Gefrierbeutel füllen. Vom Gefrierbeutel mit dem roten Teig eine kleine Ecke abschneiden und Teig mit 1–2 cm Abstand diagonal als Streifen auf ein Backblech (30 x 40 cm, gefettet, mit Backpapier belegt) spritzen. Den hellen Teig in die Zwischenräume spritzen. Das Backblech sofort in den Backofen schieben.

Ober-/Unterhitze:
etwa 200 °C (vorgeheizt)
Heißluft: etwa 180 °C (vorgeheizt)
Gas: Stufe 3–4 (vorgeheizt)
Backzeit: etwa 10 Min.

3 Gebäckrand mit einem Messer lösen, dann die Biskuitplatte auf ein mit Zucker bestreutes Backpapier stürzen. Mitgebackenes Backpapier vorsichtig abziehen und die Platte erkalten lassen. Anschließend die Platte längs halbieren.

4 Für die Füllung die 3 Joghurtsorten getrennt in kleine Schalen füllen. Sahne mit Sahnesteif steif schlagen. Je ein Drittel davon mit einer Sorte Joghurt vermengen. Raspelschokolade unter die den Himbeerjoghurt heben. Die Cremes nebeneinander in je drei breiten Streifen auf den Gebäckhälften verstreichen und von der längeren Seite aus zu zwei langen Rollen aufrollen. Beide Rollen 1–2 Stunden kalt stellen.

5 Vor dem Servieren jede Rolle in 6–7 Stücke schneiden, hochkant in Papierförmchen setzen und mit je einer halben Erdbeere garnieren.

Mini-Mascaponeröllchen

Zubereitungszeit: 35 Min.,
ohne Kühlzeit
Backzeit: 8–10 Min.

Insgesamt:
E: 60 g, F: 178 g, Kh: 241 g,
kJ: 11925, kcal: 2843

Für den Biskuitteig:
- 3 Eier (Größe M)
- 1 Eigelb (Größe M)
- 75 g Zucker
- 75 g Weizenmehl
- 15 g Speisestärke
- ½ gestr. TL Backpulver
- 1 gestr. TL Kakaopulver

Für die Füllung:
- 250 g Mascarpone (ital. Frischkäse)
- 1 EL Puderzucker
- 2 Becher Knusper-Joghurt mit Schokoballs (je 150 g, von Müller)
- 1 Pck. Finesse Bourbon-Vanille-Aroma
- 1 Pck. Sahnesteif

Zum Verzieren:
- 100 ml Schlagsahne

1 Für den Teig Eier und Eigelb mit Handrührgerät mit Rührbesen auf höchster Stufe in 1 Minute schaumig schlagen. Zucker in 1 Minute einstreuen, dann noch etwa 2 Minuten weiterschlagen.

2 Mehl mit Speisestärke und Backpulver mischen, auf die Eiercreme sieben und kurz auf niedrigster Stufe unterrühren. 3–4 Esslöffel von dem Teig abnehmen, den restlichen Teig auf einem Backblech (30 x 40 cm, gefettet, mit Backpapier belegt) glatt streichen.

3 Die kleine Teigmenge mit Kakao verrühren, in einen Gefrierbeutel füllen und eine kleine Ecke abschneiden. Den dunklen Teig als kleine Punkte tief in den Teig spritzen. Das Backblech in den Backofen schieben.

Ober-/Unterhitze:
etwa 200 °C (vorgeheizt)
Heißluft: etwa 180 °C (vorgeheizt)
Gas: Stufe 3–4 (vorgeheizt)
Backzeit: 8–10 Min.

4 Nach dem Backen Gebäckrand mit einem Messer vom Backblech lösen und die Platte auf ein mit Zucker bestreutes Backpapier stürzen. Mitgebackenes Backpapier abziehen und die Platte erkalten lassen.

5 Für die Füllung Mascarpone mit Puderzucker, Joghurt (Schokoballs beiseite stellen), Vanille-Aroma und Sahnesteif gut verrühren. Etwa zwei Drittel der Knusperballs unterheben. Creme auf die Gebäckplatte streichen, Platte längs halbieren und jede Hälfte von der längeren Seite aus aufrollen. Die Rollen etwa 30 Minuten kalt stellen.

6 Zum Verzieren Sahne steif schlagen, in einen kleinen Gefrierbeutel geben und eine kleine Ecke abschneiden. Punkte auf die Rolle spritzen und diese mit den übrigen Balls bestreuen. Zum Servieren jede Rolle in 5–6 Röllchen schneiden.

■ **Tipp:**
Die Mini-Mascaponeröllchen schmecken frisch am besten.

Erdbeer-Wraps

**Zubereitungszeit: 50 Min.,
ohne Kühlzeit
Backzeit: 8–10 Min.**

**Insgesamt:
E: 45 g, F: 89 g, Kh: 226 g,
kJ: 8093, kcal: 1934**

Für den Biskuitteig:
- **3 Eier (Größe M)**
- **1 Eigelb (Größe M)**
- **50 g Zucker**
- **1 Pck. Vanillin-Zucker**
- **1 Pck. Finesse Geriebene Zitronenschale**
- **60 g Weizenmehl**
- **1 Msp. Backpulver**

Für die Füllung:
- **200 g Erdbeeren**
- **1 Becher (150 g) Crème fraîche**
- **125 ml (¼ l) Milch**
- **2 Pck. Saucenpulver Vanille-Geschmack ohne Kochen**
- **50 ml Eierlikör**

Zum Verzieren und Bestäuben:
- **30 g Zartbitterschokolade**
- **1 EL Puderzucker**

1 Für den Teig Eier und Eigelb mit Handrührgerät mit Rührbesen auf höchster Stufe in 1 Minute schaumig schlagen. Zucker, Vanillin-Zucker und Zitronenschale mischen, in 1 Minute einstreuen, dann noch etwa 2 Minuten weiterschlagen.

2 Mehl mit Backpulver mischen, auf die Eiercreme sieben und kurz auf niedrigster Stufe unterrühren. Den Teig auf ein Backblech (30 x 40 cm, gefettet, mit Backpapier belegt) streichen und das Backblech in den Backofen schieben.

**Ober-/Unterhitze:
etwa 200 °C (vorgeheizt)
Heißluft: etwa 180 °C (vorgeheizt)
Gas: Stufe 3–4 (vorgeheizt)
Backzeit: 8–10 Min.**

3 Das Gebäck sofort mit einem Messer vom Rand lösen, auf ein mit Zucker bestreutes Backpapier stürzen, mitgebackenes Backpapier vorsichtig abziehen und die Platte erkalten lassen.

4 Für die Füllung Erdbeeren waschen, abtropfen lassen, putzen und in kleine Würfel schneiden. Crème fraîche mit Milch und Saucenpulver gut verrühren und Eierlikör dazugeben. Erdbeerwürfel unterheben. Die Masse auf die erkaltete Gebäckplatte streichen, die Platte in 6 Rechtecke schneiden und die Rechtecke aufrollen. Die Wraps kalt stellen.

5 Zum Verzieren Schokolade grob hacken, in einem Topf im Wasserbad bei schwacher Hitze geschmeidig rühren und auf die Wraps sprenkeln. Die Schokolade fest werden lassen und vor dem Servieren die Wraps mit Puderzucker bestäuben.

Kiwi-Bananen-Röllchen

*Zubereitungszeit: 40 Min.,
ohne Kühlzeit*
Backzeit: 8–10 Min.

Insgesamt:
*E: 54 g, F: 149 g, Kh: 299 g,
kJ: 11701, kcal: 2791*

Für den Biskuitteig:
- **3 Eier (Größe M)**
- **1 Eigelb (Größe M)**
- **75 g Zucker**
- **1 Pck. Vanillin-Zucker**
- **75 g Weizenmehl**
- **1 Pck. Saucenpulver Vanille-Geschmack zum Kochen**
- **1 Msp. Backpulver**
- **20 g Kokosraspel, grob**

Für die Füllung:
- **2 Kiwis**
- **2 Blatt weiße Gelatine**
- **1 Becher (125 g) Götter-speise Waldmeister-Geschmack**
- **250 g Mascarpone (ital. Frischkäse)**
- **150 g Bananenjoghurt**
- **1 Pck. Finesse Geriebene Zitronenschale**
- **1 EL Puderzucker**

Zum Bestreichen:
- **100 g Aprikosenkonfitüre**

1 Für den Teig Eier und Eigelb mit Handrührgerät mit Rührbesen auf höchster Stufe in 1 Minute schaumig schlagen. Zucker und Vanillin-Zucker mischen, in 1 Minute einstreuen, dann noch etwa 2 Minuten weiterschlagen.

2 Mehl mit Saucenpulver und Back-pulver mischen, auf die Eiercreme sieben und kurz auf niedrigster Stufe unterrühren. Den Teig auf ein Backblech (30 x 40 cm, gefettet, mit Backpapier belegt) geben, glatt streichen und mit Kokosraspeln bestreuen. Das Backblech in den Backofen schieben.

Ober-/Unterhitze:
etwa 200 °C (vorgeheizt)
Heißluft: etwa 180 °C (vorgeheizt)
Gas: Stufe 3–4 (vorgeheizt)
Backzeit: 8–10 Min.

3 Den Biskuit nach dem Backen vom Rand lösen, auf ein mit Zucker bestreutes Backpapier stürzen, mitge-backenes Backpapier abziehen und den Biskuit erkalten lassen.

4 Für die Füllung Kiwis schälen und fein würfeln. Die Würfel in wenig kochendem Wasser 1 Minute blanchie-ren, in einem Sieb gut abtropfen lassen, anschließend auf Küchenpapier legen. Gelatine nach Packungsanleitung einwei-chen. Götterspeise in einem kleinen Topf bei schwacher Hitze unter Rühren erwär-men, Gelatineblätter leicht ausdrücken, hinzufügen und miterwärmen, bis sich alles gelöst hat (nicht kochen lassen). Anschließend die Flüssigkeit abkühlen lassen.

5 Mascarpone mit Joghurt, Zitronen-schale und Puderzucker verrühren. Flüssige, fast erkaltete Götterspeise unterrühren und die Creme kalt stellen. Wenn die Masse beginnt, dicklich zu werden, Kiwiwürfel unterheben. Die Masse auf die erkaltete Gebäckplatte streichen und die Platte der Länge nach halbieren. Jede Hälfte von der längeren Seite aus aufrollen und kalt stellen.

6 Zum Servieren jede Rolle in 8 Stücke schneiden und aufrecht hinstellen. Konfitüre durch ein Sieb strei-chen und die obere Schnittfläche damit bestreichen.

Erdbeer-Crunch-Röllchen

Zubereitungszeit: 30 Min.
Backzeit: 8–10 Min.

Insgesamt:
E: 51 g, F: 138 g, Kh: 296 g,
kJ: 11066, kcal: 2640

Für den Biskuitteig:

- **3 Eier (Größe M)**
- **1 Eigelb (Größe M)**
- **75 g Zucker**
- **1 Pck. Vanillin-Zucker**
- **75 g Weizenmehl**
- **25 g Speisestärke**
- **1/2 gestr. TL Backpulver**

Für die Füllung:

- **1 Becher (150 g) Götterspeise Himbeer-Geschmack**
- **75 g weiße Crunch-Schokolade**
- **200 g Erdbeeren**
- **250 ml (1/4 l) Schlagsahne**
- **1 Pck. Sahnesteif**
- **1 Pck. Vanillin-Zucker**
- **1 EL Limettensaft**
- **abgeriebene Schale von 1 Bio-Limette (unbehandelt, ungewachst)**
- **1 TL Zucker**

Zum Garnieren:

- **1 geh. EL Erdbeerkonfitüre**
- **25 g weiße Crunch-Schokolade**

1 Für den Teig Eier und Eigelb mit Handrührgerät mit Rührbesen auf höchster Stufe in 1 Minute schaumig schlagen. Zucker und Vanillin-Zucker mischen, in 1 Minute einstreuen, dann noch etwa 2 Minuten weiterschlagen.

2 Mehl mit Speisestärke und Backpulver mischen, auf die Eiercreme sieben und kurz auf niedrigster Stufe unterrühren. Den Teig auf ein Backblech (30 x 40 cm, gefettet, mit Backpapier belegt) geben, glatt streichen und das Backblech in den Backofen schieben.

Ober-/Unterhitze:
etwa 200 °C (vorgeheizt)
Heißluft: etwa 180 °C (vorgeheizt)
Gas: Stufe 3–4 (vorgeheizt)
Backzeit: 8–10 Min.

3 Den Biskuit nach dem Backen vom Rand lösen, auf ein mit Zucker bestreutes Backpapier stürzen, mitgebackenes Backpapier abziehen und den Biskuit erkalten lassen.

4 Für die Füllung Götterspeise aus dem Becher stürzen und fein hacken. Schokolade ebenfalls fein hacken. Erdbeeren waschen, abtropfen lassen, putzen und in Scheiben schneiden, evtl. halbieren. Sahne mit Sahnesteif, Vanillin-Zucker und Limettensaft steif schlagen. Götterspeisewürfel, Limettenschale und Zucker hinzugeben und die gehackte Schokolade unterheben.

5 Die Creme auf die erkaltete Gebäckplatte streichen und die Platte der Länge nach halbieren. Jede Hälfte mit Erdbeerscheiben belegen, von der längeren Seite aus fest aufrollen und kalt stellen.

6 Zum Garnieren Konfitüre durch ein Sieb streichen, in einen Gefrierbeutel geben und über die beiden Rollen sprenkeln. Die Rollen mit gehackter Schokolade bestreuen und jede Rolle in 5–6 Röllchen schneiden.

Weissweinröllchen

*Zubereitungszeit: 45 Min.,
ohne Kühl- und Gefrierzeit
Backzeit: etwa 10 Min.*

*Insgesamt:
E: 44 g, F: 85 g, Kh: 218 g,
kJ: 8024, kcal: 1911*

Für den Biskuitteig:
- **3 Eier (Größe M)**
- **1 Eigelb (Größe M)**
- **50 g Zucker**
- **1 Pck. Vanillin-Zucker**
- **60 g Weizenmehl**
- **1 Msp. Backpulver**

Für die Füllung:
- **1 Pck. Weißweincreme**
- **125 ml (1/8 l) Schlagsahne**

Zum Verzieren:
- **50 g Vollmilchschokolade**
- **1 TL Speiseöl**

1 Für den Teig Eier und Eigelb mit Handrührgerät mit Rührbesen auf höchster Stufe in 1 Minute schaumig schlagen. Zucker mit Vanillin-Zucker mischen, in 1 Minute einstreuen, dann noch etwa 2 Minuten weiterschlagen. Mehl mit Backpulver mischen, auf die Eiercreme sieben und kurz auf niedrigster Stufe unterrühren.

2 Den Teig auf ein Backblech (30 x 40 cm, gefettet, mit Backpapier belegt) streichen. An der offenen Seite des Backblechs das Backpapier unmittelbar vor dem Teig zur Falte knicken, so dass ein Rand entsteht. Das Backblech in den Backofen schieben.

Ober-/Unterhitze:
etwa 200 °C (vorgeheizt)
Heißluft: etwa 180 °C (vorgeheizt)
Gas: Stufe 3–4 (vorgeheizt)
Backzeit: etwa 10 Min.

3 Die Biskuitplatte sofort nach dem Backen vom Rand lösen, auf die Arbeitsfläche stürzen und mit dem Backpapier erkalten lassen.

4 Für die Füllung Weißweincreme nach Packungsanleitung mit Sahne, aber ohne Wasser zubereiten. Die Biskuitplatte mit der Weißweincreme bestreichen (an den Längsseiten jeweils 1 cm frei lassen) und der Länge nach halbieren. Jeden Biskuitstreifen von der langen Seite aus aufrollen und gut verpackt 1–2 Stunden in das Gefrierfach legen.

5 Zum Verzieren Schokolade in Stücke brechen und mit Speiseöl in einem kleinen Topf im Wasserbad bei schwacher Hitze zu einer geschmeidigen Masse verrühren. Die Biskuitrollen in dicke Scheiben schneiden.

6 Die Röllchen mit der Schokolade besprenkeln oder nach Belieben zur Hälfte eintauchen. Schokolade fest werden lassen.

Alphabetisches Register

Themenregister

In dieser Reihe sind bisher außerdem erschienen: *Modeschüttelkuchen, Modeplätzchen, Modemuffins, Modeblechkuchen, Leichte Modetorten, Cocktailtorten, Modeteilchen, Modewaffeln, Sommermodetorten, Modesahneschnitten* und *Modepuddingtorten*. Sie erhalten diese Bücher im Buchhandel.

Wenn Sie Anregungen, Vorschläge oder Fragen zu unseren Büchern haben, rufen Sie uns unter folgender Nummer an 0521 155-2580 oder 520651 oder schreiben Sie uns: Dr. Oetker Verlag KG, Am Bach 11, 33602 Bielefeld.

Umwelthinweis   Dieses Buch und der Einband wurden auf chlorfrei gebleichtem Papier gedruckt. Die Einschrumpffolie – zum Schutz vor Verschmutzung – ist aus umweltfreundlichem und recyclingfähigem PE-Material.

Dieses Buch enthält zum Teil eingetragene Markennamen.

Wir danken für die freundliche Unterstützung   Masterfoods, Viersen
Molkerei Alois Müller, Aretsried

Copyright   © 2003 by Dr. Oetker Verlag KG, Bielefeld

Redaktion   Sabine Puppe

Titelfoto   Thomas Diercks, Hamburg
Innenfotos   Axel Struwe, Bielefeld (S. 7, 11, 19, 21–29, 33, 43, 45, 51–55, 59, 61, 67, 71–77, 83–91)
Thomas Diercks, Hamburg (S. 4, 15, 35, 69)
Kramp & Gölling, Hamburg (S. 9, 13, 31, 39, 49)
Ulrich Kopp, Füssen (S. 57, 63)
Bernd Lippert, Bielefeld (S. 17, 81)
Dr. Oetker Österreich (S. 79)
Brigitte Wegner, Bielefeld (S. 37, 41, 47, 93)

Foodstyling   Claudia Glünz, Nordhorn
Requisite   Wolfgang Mentzel, Paderborn

Rezeptentwicklung und -beratung   Claudia Glünz, Nordhorn
Mechthild Plogmaker, Dr. Oetker Versuchsküche

Nährwertberechnungen   Nutri Service, Hennef

Grafisches Konzept   Björn Carstensen, Hamburg
Gestaltung   M•D•H Haselhorst, Bielefeld
Titelgestaltung   kontur:design, Bielefeld

Reproduktionen   MOHN•Media, Gütersloh
Satz   JUNFERMANN Druck & Service, Paderborn
Druck und Bindung   APPL Druck GmbH & Co. KG, Wemding

Die Autoren haben dieses Buch nach bestem Wissen und Gewissen erarbeitet. Alle Rezepte, Tipps und Ratschläge sind mit Sorgfalt ausgewählt und geprüft. Eine Haftung des Verlages und seiner Beauftragten für alle erdenklichen Schäden an Personen, Sach- und Vermögensgegenständen ist ausgeschlossen.

Nachdruck, auch auszugsweise, nur mit ausdrücklicher Genehmigung und Quellenangabe gestattet.

ISBN 3–7670–0630–8